JN308983

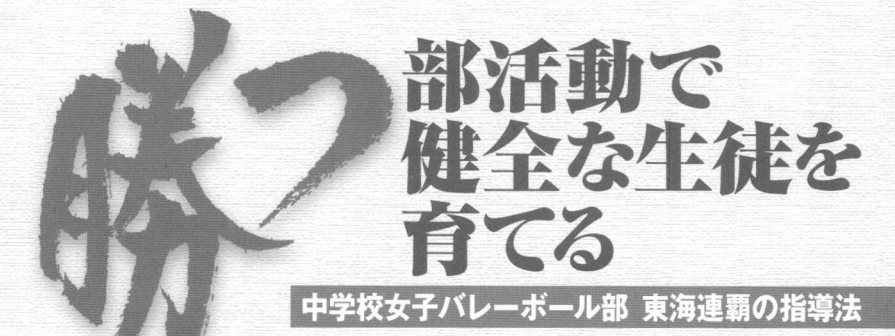

勝つ部活動で健全な生徒を育てる

中学校女子バレーボール部 東海連覇の指導法

塚本哲也 著
Tetsuya Tsukamoto

黎明書房

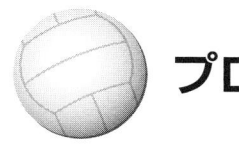

プロローグ

　私が子どもの頃は，学園ドラマや学園もののアニメが全盛期でした。森田健作や石橋正次が学生役を演じ，剣道やサッカーに青春のすべてを燃やしていました。そんな俳優たちの姿を自分と重ねたり，中村雅俊や水谷豊の先生役に憧れたものでした。そして，金八先生や山下真司の姿に将来の自分の姿を夢見ていました。

　情熱にあふれ，子どもたちと触れ合い，ぶつかり合う中から，一生涯消えない師弟愛が生まれる。それが，私が描いた理想の教師像でした。そして，スポーツが大好きだった私は，ただ漠然と，部活動を通して子どもたちとの絆を深められることを大きな希望として，教職の道を志しました。その思いの裏には，中高と部活動の指導者に巡り会えず，思う存分に青春を謳歌できなかった虚しさがあるように思います。

　念願の教師になり，今年で23年目を迎えます。もう教師生活の折り返し地点をとうに過ぎてしまいました。豊田市立高橋中学校に新任で赴任し，今は豊田市立美里中学校にお世話になっています。まだ，２校しか経験がありませんので，世間知らずのところもありますが，同じ学校に10年勤務していると，学校の変遷の様子がよく分かるものです。

　学校が良くなっていくときは，教師も活気に満ちあふれ何をやってもうまく進んでいきます。しかし，反対に悪くなっていくときは，何をやってもうまくいかず，なかなか流れは止められません。ただ，確かなことは，部活動に生徒たちの有り余る若いエネルギーを燃やさせられるようになれば，間違いなく学校は良くなっていくという事実です。

　今，私は，部活動指導とは，単に30年前私が漠然と考えていた「絆を深める」ためだけにとどまらず，子どもたちのその後の人生にも大きな

影響を及ぼすものであることを実感しています。

　平成24年4月1日から，新しい中学校学習指導要領が施行されます。残念ながら，部活動の扱いは教育課程には入りませんでした。しかし，総則第4（13）に「生徒の自主的，自発的な参加により行われる部活動については，スポーツや文化及び科学等に親しませ，学習意欲の向上や責任感，連帯感の涵養等に資するものであり，学校教育の一環として，教育課程との関連が図られるよう留意すること。（以下略）」と盛り込まれました。このことによって，今後ますます，部活動をどう指導していくべきなのかが，大きな課題となっていくと考えられます。

　言うまでもなく，中学生にとって部活動は，学校生活の大部分を占めている活動です。だからこそ，我々教師は，部活動指導を大切にしていかなければならないし，部活動を通して，いかに生徒を育てるかを考えていかなければなりません。また，このことは，指導者だけではなく，中学生の子を持つ親にとっても同様だと思います。

　そこで，私が今までの教師生活23年で培ってきた「勝つ部活動の指導を通して健全な生徒を育てるノウハウ」を若い先生方，あるいは各地域のクラブチームの指導者に伝えたいと思います。そのために，より実践的で，現場に合った具体的な方策を，私の中学生の女子バレーボールの指導体験からお話しします。そこには，勝つチームにしかない美学があります。その美学をこの書から感じ取っていただきたいと思います。

　この書は，情熱のすべてを部活動に捧げている先生だけにとどまらず，部活動には無関心な先生方，そして，学級経営や学習指導に困っている先生方，各地域で熱心に子どもたちの指導に携わってみえる方々，さらには，中学生の子を持つ親御さんにも読んでいただけたら幸いです。

塚本哲也

豊田市立高橋中学校・豊田市立美里中学校22年間の戦績

	年度	期生	豊田市総体	西三河総体	愛知県総体	東海総体	全国総体
豊田市立高橋中学校	S63	1期生	予選敗退				
	H1	2期生	準優勝	1回戦敗退			
	H2	3期生	優勝	1回戦敗退			
	H3	4期生	優勝	ベスト8			
	H4	5期生	準優勝	1回戦敗退			
	H5	6期生	第3位	ベスト8			
	H6	7期生	優勝	第3位	準優勝	ベスト8	
	H7	8期生	優勝	ベスト8			
	H8	9期生	優勝	ベスト8			
	H9	10期生	優勝	第3位	準優勝	ベスト16	
	H10	11期生	優勝	ベスト8			
	H11	12期生	優勝	準優勝	優勝	第3位	ベスト24
豊田市立美里中学校	H12	1期生	予選突破				
	H13	2期生	第3位	ベスト8			
	H14	3期生	優勝	優勝	第3位	1回戦敗退	
	H15	4期生	優勝	準優勝	1回戦敗退		
	H16	5期生	優勝	準優勝	準優勝	第4位	
	H17	6期生	優勝	優勝	優勝	1回戦敗退	
	H18	7期生	優勝	第3位	優勝	準優勝	ベスト24
	H19	8期生	優勝	準優勝	2回戦敗退		
	H20	9期生	優勝	優勝	優勝	優勝	ベスト36
	H21	10期生	優勝	優勝	第3位	優勝	ベスト16

目　　次

プロローグ　*1*

第1章　教師として　…………………………………　*9*

1　部活動は，家でたとえるなら軒下である　*10*
　　―学校の本分は，居間や台所での学習や行事である―
2　エキスパートになれ　*11*
　　―充実感と満足感を得るために―
3　悔しさからの出発　*14*
　　―多くの人たちの優しさに支えられて―
　① バレー部1期生のキャプテンとの出会い　*14*
　② 悔しさとみじめさを語り合う　*15*
　③ 多くの人たちの優しさに支えられて　*18*

第2章　勝つチームを創る　………………………　*23*

1　勝たせることが一番のカンフル剤　*24*
　　―過程を強調することは，教師の自己満足にすぎない―
2　ただ歩いているだけでは，富士山の頂上へはたどり着けない　*25*
　　―大きな夢を描くこと―
　① 夢と目標の必要性　*25*
　② 目的意識の強さが勝利を呼ぶ　*31*
　③ ペナルティーからActionを起こす　*32*

目 次

3 上から見るのと下から見るのでは大違い *35*
　—ブルジョアの甘い蜜の味—
4 言い訳からは，勝利は生まれない *38*
　—時間，場所，経験を作ることが監督の一番の仕事である—
5 女はチームではなく，監督につく *40*
　—女性を引きつけるテクニック—
6 そろう *44*
　—リズムがそろうチームには敵はない—
　① レベル1「服装や身なりがそろう」 *44*
　② レベル2「行動がそろう」 *45*
　③ レベル3「フォームがそろう」 *46*
　④ レベル4「意識がそろう」 *46*
　⑤ レベル5「リズム（雰囲気）がそろう」 *47*
　⑥ ライバルと競い合う *49*
7 仲間の多さが勝利を呼ぶ *50*
　—「おめでとう」と言ってくれる人—
8 美しさの条件 *53*
　—輝き・バランス・そろう・使い込む—
9 足し算の法則 *55*
　—時には，引き算が掛け算となってかえってくる—
10 引き寄せの法則 *57*
　—幸運は運や偶然とは違う—
11 感謝の先取り *59*
　—結果が出てからでは，感謝などできない—
12 練習メニューの3要素 *60*
　—自然と技術が身につく—
　① 能率と効率 *60*

② 自己評価できる　62
　③ 自然にフォームができあがる　64
13　インプットとアウトプット　66
　　―聞く力は，行動に表して初めて高まる―
14　一人一役がチームを育む　68
　　―全体のレベルの引き上げ―
15　父親しかチームみんなを愛せない　70
　　―母親は，自分の子がすべてである―
16　365日，日々是決戦　72
　　―自立の第一歩は，朝自分で起きること―
　① 自立すること　73
　② 女の命を絶つ　76
　③ バレーノートとバレーだより　78
　④ 伝統の力　80
17　「勝つ」のは夏の総体である　81
　　―何のための練習か―
18　野球型とサッカー型との違い　84
　　―個人の指導かチームの指導か―
　① 野球型　84
　② サッカー型　85
19　小中高の連携のありがたさ　87
　　―身近な憧れが，大きな原動力へ―
　① スポーツ少年団との連携　87
　② 高校との連携　88
20　年間を通して，通う　89
　　―指導者を見る目を養う―

21 大会を運営・企画・実行する　*90*
　　―生徒のために世界を広げる―
22 塚本バレーボールファミリー　*93*
　　―生涯の家族づきあい―

第3章　部活動指導は生徒指導だ ……………… *97*

1 学校の風土ができあがる　*98*
　　―バレー部の動きが，学校中を巻き込む―
2 荒れていた学校が立ち直る　*102*
　　―エネルギー発散の場，存在感，自己有用感の獲得―
3 学力向上と文化面での飛躍的な活躍　*104*
　　―学習規律の構築―

第4章　部活動とクラブとの連携 …………… *107*

1 部活動とクラブとの連携の必要性　*108*
　　―学校体制で地域との連携を行う―
2 美里クラブに対する学校の基本的な考え　*112*
　　―教師と保護者，そして，地域の目で見る―
　① 教師の勤務に関する問題　*112*
　② 職員の精神的な不安の解消　*113*
　③ より確かな組織づくりのために　*113*
　④ 親や教師よりも，仲間の影響力の大きさ　*114*
　⑤ 自分の子だけではなく，チームの子全員を見る姿勢　*115*
　⑥ 親の問題ではなく，子どもの問題としてとらえる　*115*

3　地域に根ざしたチームづくり　*116*
　　―多くの人たちの想いを受け止めて―

第5章　勝つチームの美学 …………………… *119*

1　審美眼を鍛える　*120*
　　―美しさの中にこそ真実がある―
2　100以上の練習メニューを持つ　*121*
　　―15分単位で，何時間練習が続けられるか―
3　自分なりの理論を持つ　*124*
　　―私は，ブロックで勝つ―
4　年間1000セット　*126*
　　―どんな相手をも拒まない―
　①　ゲーム感覚を養う　*126*
　②　1セット1セットを無駄にしない　*126*
　③　どんな相手をも拒まない　*127*
5　分析とシミュレーション　*127*
　　―兜の緒を締め，石橋を叩いて渡る―

第6章　全国大会への道 ………………………… *131*

1　美里中学校初の全国大会出場（H18）　*132*
　　―バレーだよりとバレーノートで1年間をひも解く―
2　東海大会連覇への道（H20・H21）　*148*
　　―キャプテンの父が語る―

エピローグ　*158*

第1章
教師として

　若い教師に向かって「お前は，部活しかやらんなぁ」とか，40歳近い教師には「いつまで部活動指導をしてるんだ」などという声を聞くことが多くあります。そのたびに，「そのような言葉を発する教師は，生徒にとっての部活動の価値に気づいていないのだろうか」と思っている時期もありました。しかし，私はこう考えるようになってきたのです。「そう言われてしまう程しか，教師としての成果をだしていない。言い換えれば，教師の本分である指導が疎かになっているのでは」と。

　我々は，教師であるという前提に立って，部活動指導を考えなければいけません。まず，私が夢の教師となって，何も見えない中，どう歩んで来たのかをお話ししていきます。

1 部活動は、家でたとえるなら軒下である
―学校の本分は、居間や台所での学習や行事である―

　育ち盛りの生徒たちにとって、部活動の必要性は誰もが認めるところです。しかし、今まで教育課程に入ることはありませんでした。ということは、教育課程を家にたとえるならば、部活動は、軒下での活動程度なのです。

　当時、崇化館中学校の校長だった故清水均先生が、新任の私に贈ってくださった餞の言葉を忘れることができません。それは、「どんな部活動の顧問になったとしても、3年で結果をださなければだめだ。軒下でやる部活動で成果がでないような者では、教師は務まらないぞ」という厳しい言葉でした。

　私は、ずっとこの言葉の意味を考え続けながら、部活動指導を行ってきました。そして、この言葉の意味が分かり始めた頃から、私は、教職員の間でもミドルリーダーとして認められるようになってきたように感じています。

　学級という集団は、生徒の意志によっては決定しません。しかし、部活動は、生徒が自分の意志で選択して入部を決定することができるのです。また、学級で生徒たちに共通の目的意識をもたせることは至難の業です。

　しかし、部活動には、「勝つ」という明らかな目的が最初から存在す

るのです。生徒の意志と目指す目標があれば，指導は容易いはずです。

　清水校長先生が言いたかったのは，「そんな容易い軒下での活動の指導もできなければ，学校教育の本分である教科指導や生徒指導などは到底できないぞ。まずは，部活動の指導で教師としての力をつけることがいいぞ」という道しるべの言葉だったのでしょう。

　しかし，今は長年，部活動の指導に携わってきて，それだけではなく，もっと奥の深い言葉だったと思うようになってきました。

　それは，第1に家の中からはみだして，軒下でしか救ってやれない生徒たちの存在です。

　第2に軒下と家の中は，同じ屋根の下でつながっていると言うことです。

　最後には，内から外への連携のための大切な役割を担っているということです。

　だからこそ，今一度部活動指導について一緒に考えていきたいと思うのです。

2 エキスパートになれ
　―充実感と満足感を得るために―

　「幸せだなあ」と思うのは，出会った校長先生がどの方もすばらしかったということです。柴田富信前教育長に最初に仕え，そのあと7名の大校長に出会いました。そして，今は鈴木勝己校長に仕えています。

　高橋中学校時代，赴任して6年目に，豊田市バレー界では初の東海大会進出を果たしました。そのときの伊藤昇校長先生が，本当によく讃えてくださり，「全国大会へいくまでやり切れるといいですね」と期待をかけてくださいました。そして，とうとう梅村光利校長先生のとき，12年かけてやっと念願の「新潟全中」へ出場することができたのです。

今，先生方は，教育活動の中で何か熱中しているものがあるでしょうか。教科指導や特別活動，部活動，清掃指導や図書館指導，当然生徒指導でもいいです。
　ただ，普通に軒並みに仕事をこなしているだけでは，やり甲斐は見いだせないと思います。何か一つでも，エキスパートになれるといいと思います。ただし，教師として，すべての分野に対して普通以上に仕事をこなすということが，必要条件ではありますが。
　誰でも，自分が自信のもてることに対しては，やる気が起きるものです。やる気があるときは，どんなに苦難な道であったとしても，人は決して疲労感や徒労感を感じないものなのです。
　一つの分野でエキスパートになることは，仕事に充実感を与えてくれます。そこで得られた満足感が，他の分野の仕事に対しても，熱意をもってやれる力をくれるのです。
　こう考えるようになったのも，柴田富信前教育長が「週案簿などは，後回しにしなさい。そんな時間があったら部活動指導をしなさい」と新任の私が職員室の机に向かっているときに言ってくださったからです。
　私の場合は，部活動指導において，日々生徒たちと夢を追い求めてきました。先ほどお話ししたように，どの校長先生も「やりたいようにやりなさい」と支援してくださいました。
　「全国大会へ出場する」夢から，「東海ブロックで優勝し全国大会へ」という夢へ，そしてさらには，「東海連覇」という大きな夢に向かって，生徒たちとともに努力してきたのです。
　それがあったからこそ，私は，他の仕事も一生懸命にやってこられたと思っています。
　よく，「部活で厳しくやり過ぎるから，学級ではちっとも言うことを聞かなくて困ってます」と文句を言う担任の教師がいます。確かに，部活動指導がいき届いていないから，生徒は，人によって態度をかえてし

まうのです。本当の自立ができていないのは確かです。しかし，担任の教師が，指導に手こずっている生徒を部活動で指導しているのです。教師同士の互いに持ちつ持たれつのよい関係づくりこそ大事なのです。

　また，「あの先生はすごいですよ。生徒たちの髪の毛はあんな目立つ風ですが，部活だけは一生懸命にやらせて，勝たしちゃうんですから」ということを聞いたことがあります。チームには，いろいろな生徒がいます。当然問題傾向をもった生徒もいます。しかし，中学生として当たり前の身なりや服装すらさせられずに，勝たせてしまっては教師としては失格なのです。

　昨今，多くの教師が，教師の仕事に，多忙感や疲労感ばかりを感じています。

　それは，自分の仕事に，充実感や達成感がないからです。部活動を熱心に指導している教師は，朝早くから夕方遅くまで，そして，土日も1日中生徒たちと汗を流し続けているにもかかわらず，月曜日は「おはようございます」と元気よく職員室へ入って来ます。その様子から，疲れは感じられません。

　一方，「疲れた」と言って，ぎりぎりに出勤するのは，土日に家でゆっくりできたはずの教師が多いのはなぜでしょうか。答えは一つ，そういう教師は，エキスパートになりきっていないからです。

3 悔しさからの出発
―多くの人たちの優しさに支えられて―

① バレー部1期生のキャプテンとの出会い

　今でも忘れられない出来事があります。新任として赴任した初めての部活動でのことです。「長い間思い描いてきたそのときが，やっと訪れた」と青春ドラマの出会いのシーンを期待し，意気揚々とグラウンドのコートへいきました。そこには，2,3人の部員しか来ていませんでした。「おかしいな」と思いながら，キャプテンを呼んで「他の子はどうした」と聞いてみると，「まだ来てません。でも，いつもなかなかそろいません」という答えがかえってきました。

　それからしばらくすると，ぞろぞろと集まって来ました。あいさつもせずに，ただ，新しい顧問を見るためだけに，特別に集まって来たという雰囲気をすぐに感じました。

　髪の毛は茶色で，くしを片手に，コートの中に座り込む生徒も数人いました。現実を目の当たりにして，一気に元気がなくなりました。しかし，「よし，集合」と意を決し声をかけました。10人ほどは，ノソノソと動き始めましたが，座り込んで髪の毛の手入れをしている3名の生徒は動こうともしません。どう声をかけても「めんどうくさぁい」と言うばかりでした。

　挙句の果てに立ち上ったと思ったら，キャプテンにつばを吐きかけ，そのまま立ち去っていきました。そんな状況を目の当たりにしながらも，「おい待て」という弱々しい声をむなしく響かせるだけで，何もしてやれませんでした。「先生，いいんです」とキャプテンは，ジャージにかけられたつばを拭いていました。私は，悪事に何もできない自分の不甲

斐なさに，ショックを受けました。それが現実でした。私が描いていた生徒との出会いのシーンは，音を立てて崩れ落ちていったのです。

バレー部1期生の卒業式の日，そんな情けない私は，キャプテンから手紙をもらいました。そこには，感謝の気持ちと，こんなショッキングなことが書かれていました。

「私はキャプテンとして，とても辛い日々でした。先生の情熱を感じ，何とかしなければと思っていました。しかし，練習にみんなそろうことができません。態度もよくなりません。悩んで悩んで，ある帰り道，私は気づくとアパートの最上階にいました。そこに靴をそろえ，下を覗いたのです（後略）」

「そのとき，飛び降りていたら」と思うとぞっとします。そして，その瞬間，教師としての責任の重さを痛感し，背筋がピィーンと伸びる思いがしました。

その新任での経験は，数十年経った今でも，常に心の中に根ざしています。どんな状況に遭遇しても，キャプテンにつばを吐いて，帰っていく部員に何も言えなかった自分の弱さを思いだすのです。生徒に立ち向かえずに逃げだしそうになる自分に鞭打ってくれるのは，「普通の生徒を悪事から守ってやれる教師になろう」と心に誓ったあの日の出来事なのです。

② 悔しさとみじめさを語り合う

1期生は，いろいろな問題ばかりでしたが，出会って4カ月後の引退をかけた夏の市内大会では，見事初勝利をあげてくれました。ヤンキー姉ちゃんたちも，最後は涙を流しチームメイトと喜びを分

かち合っていました。

「先生，サンキュー」といいながら，ピースサインをしながらコートを後にする後ろ姿を見たら，思わず熱いものがこみ上げてきました。同時に，「もっともっと彼女たちのために，やってやれたはずだ」と強く拳を握ったのを覚えています。

そんな熱い思いがあってもそれだけでは，そう簡単にチーム創りはできません。新チームになっても，なかなか練習にさえも部員がそろいません。当然，生徒たちの練習にもやる気は見られません。考えてみれば，何の方策も，術ももたない指導者に生徒たちが付いて来るはずはありません。でも，そんなことにも気づく力さえない未熟者でした。ただ，情熱だけで生徒たちに向かっていました。

そんなとき，男子部の都築厚先生が「練習試合に連れていくと，生徒たちは変わるぞ。何よりお前の勉強になるはずだ」と助言してくださいました。ならば，「強いチームと練習試合をさせてやろう」と県大会出場チームを調べ，片っ端から電話をかけました。

しかし，どこへ練習試合を申し込んでも断られました。当時は，特に強いチームは，決して弱いチームとはやらないという考えが主流のようでした。それに，面識もなく，荒れている学校のチームだと聞けば，害あっても得なしです。それでも，私はめげることなく，かけまくりました。

やっと，豊橋市の牟呂中学校という県大会出場常連校の市川英輝先生（現西郷小学校校長）が，「来ていいよ」と言ってくださいました。大喜びで，大型バスをチャーターして，まるで遠足気分で市外まででかけてい

きました。

　体育館に着いてみると，まさにカルチャーショックを受けました。コートでは，もうすでに大きな声を張り上げ，目を輝かせて練習試合をしているチームばかりでした。私も生徒たちも足がすくんで，しばらくは身動きがとれませんでした。

　あいさつすらそこそこに，体育館の隅で練習を始めていると，市川先生がやって来て「おい，俺のコートでシャツをだしてやるとはどういうことだ」と真顔で私を叱るのです。そして，「もう２度と来るな」と言って追いだされてしまったのです。当時はまだ，上着をジャージのズボンに入れさせることも，ジャージを脱いで短パンで練習させることも知らなかったのです。

　恐ろしさのあまり，私は生徒を連れて，一試合もせずに逃げ帰りました。帰りのバスの中では，誰も何一つしゃべることができませんでした。

　しかし，バスの中には，車窓から眺める景色の向こうを見やる，同じ中学生のやる気に満ちあふれた姿と，レベルの高さを羨む，生徒と私の眼差しがありました。

　次の日に勇気を振り絞って，牟呂中の市川先生へお詫びの電話を入れました。すると，「また来いよ」と言ってくださいました。それからというもの，毎週のようにでかけていっては，怒られながらもいろいろなことを教えてもらいました。

　練習試合にでかけるようになると，生徒たちは見る見る変わっていきました。練習では味わえない，試合のできる楽しさを味わうようになったのです。ときどき勝てるゲームもでてくるようになると，意欲はますます向上していきます。

　そして，何よりも私自身の意識が変わりました。生徒のやる気がグングン伸びていく瞬間を目の当たりにすることは，教師としてこれ以上の喜びはないものです。

当時，岡崎市のR中が全国へ出場していました。岡崎と言えば，バレーの聖地でもあります。学校行事の球技大会では，どこの中学校もバレーボールを行うほどです。グラウンドに数十本のポールを立て，ネットが張れるというのですから驚きです。少年団の指導にも力を入れ，他の地区を寄せ付けない強さがありました。

　さらに，もっと強いチームが見てみたいという理由だけで，その岡崎のR中に練習試合を申し込みました。しつこく何度も何度も電話をかけ，10回目の電話でやっと了承してもらえました。

　ワクワクしながらいってみると，1セットがサーブだけで15対0（当時はラリーポイント制ではなかった）で終わってしまうのです。時間にすれば，ほんの5分程度です。何セットやっても同じです。

　1時間ほど過ぎて，5セットが終わったときです。R中のキャプテンが私のところへやって来て「もういいですか。帰ってください」と言うのです。怒りよりも悔しさがこみ上げてきました。「ありがとうございました」と悔しさを言葉に残し，体育館を後にしました。

　そのまま学校まで一目散に帰りました。肩を落とす生徒たちを集めて「いつか，きっとこの悔しさを晴らそうな。何年かかっても，お前たちの後輩がこの悔しさを引き継ぐからな」と涙を流しながら約束しました。

③　多くの人たちの優しさに支えられて

　週末になると毎週いろいろな場所へ，練習試合へ出向くことが当たり前になってきました。いくたびごとに生徒たちの技術が向上し，意気込みが強くなっていく姿を見ることは，教師をやみつきにさせます。それ

は中毒症状に似ているかも知れません。

　当然，私も多くのことを学ばせてもらいました。たびたび足を運ぶようになると，教師の人間関係も深まり，いつしか仲間として迎え入れてくださるようになりました。

　今では考えられませんが，昼飯を食べにいくと，そこから夕方まで話が盛り上がり，体育館へ戻った頃には，もう帰る時間，ということもたびたびでした。しかし，そこで大先輩の先生方に教えていただいたことは，部活動指導だけに限らず，教育全般に関して，とても参考になることばかりでした。そして，そんな話を聞くたびごとに，部活動指導に燃えてみえる先生方が，それぞれの学校を支えているということが分かるようになってきました。

　そのお陰で私は，3年目には，市内で優勝できるほどのチームを創ることができるようになっていました。

　強くなればなるほど，行動範囲も広がっていきます。市内，県内だけでなく，今度は毎週のように静岡へ遠征試合にいくようになったのです。帰りには，東名高速道路の赤塚サービスエリアで，生徒たちにうどんを食べさせてやることを習慣にしていました。勝ったときは，揚げを1枚追加した狐うどんです。

　あるときから，売店のおばちゃんが「先生，がんばってるね。これからは，先生のうどんはサービスしてあげるよ」と言ってくれるようになっていました。高速代もガソリン代も，そして生徒たちへのご褒美も，すべて自腹で払っていたので，その優しさは，私の心にも財布にも染み渡りました。

　また，こんな出来事もありました。

　日曜日の朝早くに，キャプテンから電話がかかってきました。「先生，今日の練習試合へはいきますか」という内容でした。私は，「いくに決まってるだろ」と怒って電話を切りました。支度をして，家をでて学校

へ向かいました。

　朝早くとはいえ薄暗く，雨も少し降っていました。学校につき，車をだしていただける親とも，いつもと変わらぬあいさつを交わしました。そして，生徒たちを車に乗せ，練習試合相手の安城西中学校へ車を走らせたのです。

　安城西中学校に到着すると，いつもと雰囲気が違うのに気づきました。体育館にも，校舎内にも生徒のいる気配が全くないのです。「おかしい」と思い，同行している親に，「もしかしたら，私が，日にちを間違えたのかもしれません」と話しかけると，すまなそうに「先生，実は，今日は朝から，暴風警報がでてたんですよ」と言うのです。

　それを聞いて，私は思わず，近くに座っていたキャプテンに「どうして，そんな大事なことを言わないんだ」と言いかけて，口をふさぎました。

　「仕方がない，帰ろう」と思ったそのときです。降りしきる雨の中，安城西中学校のバレー部顧問の加藤治好先生が，職員室からでてこられました。「来ると思っていたよ」と笑いながら言われました。そして，「今，校長に話したら，『こんな日に1時間以上もかけて来てくれたのだから，バレー部の生徒たちを呼べ』と許可がでたから，少し待っててくれ」と付け加えられました。

　普通だったら，怒られて，私の中学校の校長へ，電話の1本もいくところだと覚悟をしていたので，その校長先生の温かい計らいには，とても驚きました。

　そして，もう一人，私にとって一番大切な先生のお話しをします。

　私の今があるのは，新任のときに同じバレー部の顧問になった林和幸先生（現豊田市教育委員会指導主事）のおかげです。前項でも，お話ししましたが，当時の高橋中学校はかなり荒れた状態でした。だから，新任の私だけでは，バレー部の指導は無理だろうという配慮で，中堅の林

第 1 章　教師として

先生をつけていただけたのでした。
　林先生は，金八先生に憧れて教師になったというだけあって，熱血で熱く語る先生でした。一つのことに熱中すると，なりふり構わずやり通してしまう，信念の人でした。
　林先生の担当教科は理科です。当時は，「中統テスト」という愛知県中の中学生が同時に受けるテストがありました。そのテストで，高橋中学校の理科の成績を愛知県1位にしたという実績もあります。他の教科は，市内でも中以下だった頃ですから，まさに快挙です。
　そんな成果がでるのには，やはりそれなりの理由がありました。林先生は，自分のオリジナルのテキストを製作して，生徒たちに徹底的に覚えさせるのです。授業中も，生徒たちは休む暇はありません。問題生徒さえも，先生の迫力とクラスの雰囲気に飲み込まれ，1時間の授業でかなりの知識を詰め込まれてしまうのです。

当時でも,「先生の授業では,生徒たちに本当の力はつきません」という林先生の授業に対する批判は聞かれました。しかし,他の教科では,居眠りをしたり,エスケープしたりする生徒がいる中,全員の生徒が,目を輝かせ真剣に受けられる授業をする林先生には,大きな魅力を感じていました。
　「生きる力を育てる教育」が叫ばれて久しいです。でも,私にはあの林先生の理科の授業での生徒たちの姿が,今でも忘れられません。テストがある限り,生徒たちは,いい点数を取りたいのです。点数が取れれば,さらにやる気になるのです。「生きて働く力を育てる」という題目ばかりを強調しても,今の教育システムの中では,点数が取れなければ,生徒の意欲は間違いなく減退するに決まっているのです。
　それは,バレーの指導でも同じでした。何も分からない私に背で示し続けてくださいました。林先生は,スポーツの経験はほとんどなく,運動神経も,どう見てもいいとは言えませんでした。ボールを打ってもとんでもない方向へ飛んでいってしまうのです。しかし,そんなことはお構いなしです。「取れ」「上げろ」「どうして取れないんだ」と,この三つの言葉でゲキを飛ばし続けるのです。そして,試合中は「勝て」この一言だけです。
　私は,気づきました。「教師には,多くの言葉は必要ない」ということに。生徒たちの心を揺さぶるのは,なりふり構わずに,立ち向かってきてくれる情熱をもった教師の愛情なのです。そして,そこには,きれいな言葉も,理にかなった技術指導もいらないのです。
　試合で勝つたびに,ベンチで男同士抱き合って喜び合ったことは,忘れることができません。今でも,この私を気遣ってくださり,折々には「がんばってるな」とねぎらいの言葉をかけてくださいます。私はその言葉に,生徒と同じように励まされているのです。

第 2 章
勝つチームを創る

　がむしゃらにただ練習しているだけでは，生徒はすぐにやる気を失ってしまいます。生徒が常に意欲をもって生き生きと活動する姿こそが，我々教師が目指す生徒像です。そのためにはどんな手立てを講じていくことが必要なのか。この章でお話しします。

　ときどきふと，私の脳裏には1期生の生徒たちが，市内の予選リーグ戦で初勝利をあげた夏の引退試合のときの喜びの顔が浮かぶことがあります。それを思いだすたび思うのです。

　「1回戦であろうが，決勝戦であろうが『勝つ』ということが，生徒たちにとって何よりも大きな力を与えるのだ」ということを。

1 勝たせることが一番のカンフル剤
―過程を強調することは，教師の自己満足にすぎない―

「来週は，○○中学校へ練習試合にいくからな。しっかりと練習しよう」と発憤させながら，練習をしていました。しかし，それも生徒たちの意欲を，そんなに長くは持続させる力にはなりませんでした。その内に生徒が言いだしたのは「どっちみち，こてんぱにやられるだけでしょ」という言葉でした。言われてみれば，私自身さえも，1日中試合をしても，1セットも勝てないことが続くと，体育館の中に居場所さえなくなるほどの虚しさを感じ始めていました。

そんなとき，春の市内大会が行われました。あれよあれよという間に勝ち進み，初優勝をしてしまいました。3期生の生徒たちです。勝った瞬間，生徒たちはみなで抱き合って喜びを噛みしめ合っていました。

それから，生徒たちの練習にも活気が戻ってきました。「先生，強いチームと練習試合をお願いします」と生徒の方から言ってくるようにもなりました。そのとき，「勝たせてやることが，何よりのカンフル剤になる」ということを実感したのです。

よく，負けた後に生徒たちを集め，「よくやった。しかしなぁ，君たちのここにいたるまでの取組はすばらしかったぞ。先生は満足だ」と話している場面を見かけます。考えてみてください，取組がすばらしかったら負けないはずです。先生が満足しているだけで，生徒たちは不満足に違いありません。

どういう訳か，教師は，過程ばかりを強調したがります。本当に生徒たちにとって良い過程ならば，成果がでるはずです。すべてがそうだとは言いませんが，過程を強調することが教師の言い訳になっていては，生徒たちがかわいそうです。

② ただ歩いているだけでは，富士山の頂上へはたどり着けない
―大きな夢を描くこと―

「それならば，どうしたら勝つチームを創れるのか」ということです。

第1に「夢を描くこと」です。夢を描いているとき，誰もが幸せな気分になれるものです。まだ見ぬ未来へ希望をつなぐのです。大人になってからでも，夢を描き，その夢の実現のために努力している人は，いくつになっても若く憧れの的です。

今，世の中は多くの情報が飛び交い，子どもでさえも，多くの知識をもっています。私は，それが多くの子どもたちから夢を奪い去り，いい言葉で言えば，現実主義者として生きていく社会を作っているように思えてなりません。自分の能力の限界に挑戦することをせずに，最初からあきらめ，ほどほどの力で，のらりくらりと生活していこうとする傾向があるように感じています。

① 夢と目標の必要性

部活動には，「勝つ」という明白な目標があります。だから，生徒たちにも，目的意識をもたせやすい活動です。しかし，ただ，「勝つ」だけでは，生徒たちに目的意識を植え付けることはできません。

教師は，目標とか目的とかを常に決め，生徒の指導にあたっているはずです。しかし，決めただけでうまく生徒の指導に生かし切れていないことが多いように思います。その原因は，目標の設定の仕方と，評価後の行動の仕方にあると考えます。

最近，教育界にも PDCA のサイクルが強調されるようになってきました。「Plan→Do→Check→Action」です。では，目標設定の仕方と評価後の行動の仕方についてお話しします。

私は，目標設定の仕方を大きく二つに分けて考えています。一つ目は，「簡単には実現しない，高尚で高い位置にある目標」です。これが「夢」です。そして，もう一つは「具体的な実現可能な目標」です。

　部活動で「夢」といえば，誰もが同じく憧れている「全国中学校総合体育大会」への出場です。「今の，うちのチームの実力で，そんな夢をもたせても，夢のまた夢だよ」という声が聞こえてきそうです。私も，最初は同じように思っていました。東海地区のブロック大会があることも知りませんでしたから。

　種目によって違いますが，バレーボールの場合は，愛知県・三重県・静岡県・岐阜県の各県代表4校ずつ計16チームの中から，3チームが全国大会へ駒を進めるのです。愛知県には，400校を超える中学校があり，東海4県では，間違いなく1000校を超える中学校があるはずです。考えてみれば，その中でトップ3チームに入ろうなどという野望を抱くのは，織田信長くらいなのかも知れません。

　しかし，私は，その無謀な野望を生徒たちと抱いたのです。ただし，その夢の実現は，1年や2年では不可能です。大切なのは，「チームの夢」としてもたせるということです。その「全中出場という夢」が伝統となって引き継がれ，どこかでかなうときがくるのです。

　「具体的な実現可能な目標」は，長期目標からさらに短期目標まで細分化されます。長期目標から短期目標まで，細分化されればされるほど効果がでます。

　まず，長期目標とは，入部したときにもたせる目標です。中期目標は，2年生の夏に，先輩が引退し，自分たちの代が来たときにもたせる目標です。それらの目標は，先輩たちが積み上げてきた伝統の上に，さらに後輩たちが積み上げていくためのものです。

　私の場合，高橋中学校2期生の代で市内3位入賞を果たしました。だから，次の3期生の代の中期目標は「市内制覇」と定めました。そして，

その年の夏に，その目標も達成することができました。

　しかし，次の4期生の立てた中期目標「県大会出場」は，その代も，そして，その後の代でもなかなか達成することはできませんでした。

　それが達成できたのは，長期目標を設定するようになってからです。多くのチームが中期目標は設定しています。しかし，中期目標が大きく難しくなればなるほど，自分たちの代になってから1年という時間では，達成は不可能だったのです。最低3年間は継続的な努力が必要だったのです。私は，やっとそのことに気がついたのです。

　それまでは，1年生は，ボール拾い，2年生になってやっとコートに入って練習ができるという自然な流れができあがっていました。その流れを切ることが，長期目標を設定するということでした。

　さらに，小学校から育成していく超長期目標という考えも生まれてくるのです。

　私は，高橋中学校の7期生が入部したときに，初めて「夢：全国大会出場」と「長期目標：県大会出場」を設定しました。入部してすぐのまっさらな心に，夢を抱かせ，目標を植え込むことが大切だということを，彼女たちが3年後に証明してくれたのでした（6期生が引退し，7期生の代がやってきたとき，中期目標は「西三河地区大会で3位」という，より具体的な目標設定をしました）。

　この7期生は，運も味方し，豊田市バレー界初の東海大会出場という目標以上の成果をだしました。その後，10期生も東海大会までの目標を果たし，いよいよ「夢」の全国大会出場に王手がかかったのが，高橋中学校最後の年でした。ここまでくれば，チームの「夢」は「目標」に変わっているのです。

　先にもお話ししたように私の場合は，長期目標は新1年生が入部した時点で決めます。その新1年生が，3年生になったとき，夏の総体でどこまで勝ち上がることを目標にするのかということです。

そして，中期目標は，２年生になり，夏の総体後，先輩たちが引退したときに決定します。その代の１年後の最後の夏の総合体育大会への具体的な目標です。

　今度は，美里中学校では，「どのように目標設定をしたのか」についてお話しします。美里中学校へ赴任したときには，美里中学校バレー部は，まだ市内大会でも予選リーグで敗退するレベルでした。私は，赴任してすぐ，部員たちを集め，チームの夢を語らせることから始めました。最初は，「予選リーグを突破したい」という程度のものしかでてきませんでした。

　生徒たちの目の色が変わったのは，高橋中学校が全国大会へ出場したビデオを見てからでした。「私たちも，あんなに華やかな舞台でプレーできたらいいな」と，部員みんなが，夢を語り始めたのです。さすがに，３年生の引退までの４カ月間で，市内の１回戦ボーイが，全国大会に出場できるはずがないことは誰にでも分かります。それが可能なのは，アニメかドラマの世界の絵空事だけです。

　だから，チームの夢だということが大事なのです。それが理解できると，生徒たちは「私たちが築いた伝統という礎の上に，後輩たちが夢に届く塔を建てていくんだ」という，壮大なドラマを描くようになるのです。

　次に，中期目標を立てさせます。中期目標とは，先輩が引退した後，自分たちの代の，１年後の夏の総体での目標です。この年の場合は，４カ月後の夏の総体での目標になります。

　美里中バレー部１期生が立てた中期目標は「市内大会予選リーグ突破」でした。当然，目標が決まるとやる気になります。しかし，それだけではありませんでした。新１年生の勧誘に力を入れ始めたのです。私たちバレー部の夢の担い手として，優秀な後輩の獲得に乗りだしたのです。

そして，集まった新1年生13名が決めた長期目標（1年生が，3年生になった夏の総体での目標）が「東海大会出場」でした。
　その年，超長期目標の設定を考えました。学区の小学生の育成プランです。美里中学校区には，バレーボール少年団の活動はありませんでした。だから私は，学区に勧誘のチラシを配り，少年団を組織することから始めたのです。
　美里中学校初の全国大会出場を決めた6期生は，超長期目標を5年間掲げ続けた生徒たちなのです。その後現在も，バレーボール少年団は，「美里ジュニア」として継続中です。
　「具体的な実現可能な目標」は，長期目標から，短期目標まで，どんどんと細分化していくことが重要です。それがいかにうまくできるかが，成功の秘訣です。部活動指導だけではなく，学級経営においても，学習指導においてもうまく生徒たちを指導している教師は，このテクニックをもっているのです。
　「夢」「長期目標」「中期目標」までお話ししました。次は「短期目標」をいかに細分化していくかについてお話します。
　「短期目標」は，次の大会までの目標であったり，1週間後の練習試合までの目標であったり，さらには，1日の目標であったりします。1日の練習の中にも，この練習での目標（超短期目標）を設定してやることが必要です。
　この目標設定で大切なのは，立てた目標がどれだけ「客観的な評価ができる目標」になっているかです。教師は，人の評価をすぐにしたがる人種です。これではだめです。生徒たちが，チームとしてあるいは自分自身で客観的な評価ができるかどうかが重要なのです。
　一番簡単で分かりやすい目標は，「〇〇中学校に勝つ」という目標です。でも問題は，今のチームの実力に見合っているかどうかです。余りにも力の差があっては，相手が強くても弱くても意味がありません。力

の差があるチームと試合をするときの目標は，勝ち負けではだめなのです。さらに言えば，「いつまでに○○中学校に勝つのか」もっと言えば「何対何で勝つのか」というところまで具体的な目標にすることが必要です。

　また，個人の目標では，「何本スパイクを決める」だとか「何本ブロックでワンタッチをとる」という目標を個人の力を見極めて決めさせることです。さらに教師は，この目標設定をどれだけ多くの場面でやれるかが課題になります。

　ただ歩いているだけでは，決して富士山の頂上へはたどり着けないのです。

　しかし，もしも，たどり着けなかったとしても，目標を目指す過程を通して，生徒たちが満足してくれたなら，価値のある活動だったと考えられると私は思います。これは，高橋中学校9期生の，夏の大会で目標が達成できなかったときの話です。

　小学校バレーで全国ベスト8だったチームが，そのまま岡崎のM中学校へ進みました。何とかそのチームに追いつき，「夏の地区大会ではM中に必ず勝つ」という中間目標を立てて，1年間努力をしました。しかし，もう一歩のところまでは追いつけたのですが，勝てませんでした。地区大会の2回戦で敗退したので，県大会へも進めず，そこで引退が決まってしまいました。コートに泣き崩れる生徒たちに，私はかける言葉すらなく，一緒に涙を流していました。

　荷物をまとめ，岡崎市中央総合公園体育館の出口に向かっていたときです。ちょうどM中学校の生徒たちと出会ったのです。そのとき，私のキャプテンがM中学校の生徒たちに「ありがとう」と笑顔で声をかけたのです。私は，一瞬驚きました。「がんばってね」という言葉ならよく聞かれます。しかし，負けた相手に対して「ありがとう」とは，なかなか言えるものではありません。

この「ありがとう」には，「今まで目標とするM中学校というあなたたちがいてくれたから，私たちは，今日まで一生懸命に努力ができたのです。あなたたちがいなかったら，私たちのこの仲間の絆も生まれなかったのですから」というキャプテンの純粋な思いが込められていたのです。

② 目的意識の強さが勝利を呼ぶ

目的意識の弱さから，勝利を逃してしまった経験を一つ紹介します。

美里中学校7期生が，東海大会の準決勝で三重県の二見中をくだし，初の全国大会出場を決めたときのことです。まさに，美里中バレー部の夢がかなった瞬間でした。

その7期生の長期目標も中期目標もともに「全国大会出場」でした。すでに「夢」は「目標」へと姿を変えていました。目標を達成してしまったら，人はもうそれ以上には力を発揮できないものです。生徒たちも私も，「全国大会出場が決定した」ことに大満足で，次の試合に勝って優勝しようなどという気持ちはなかったのです。

次に行われた決勝戦で三重県の一志中に，2－0で負けてしまいました。後から振り返ってみると，「もったいないことをした」と思います。生徒たちの能力を読み違えた教師の目標設定が，生徒たちのさらなる活躍を奪ったのです。

しかし，この経験は9期生には，きちっと生かすことができました。彼女たちの長期目標は「全国大会出場」，中期目標は「東海大会優勝」でした。だから，東海大会の決勝戦，静岡県の新居中に3セット目，大きくリードされていても，逆転勝利を収め，初の東海チャンピオンになったのです。

試合後，新居中の佐藤辰彦先生に聞いたら「うちのチームは，全国が決まって満足してたよ」という返事が返ってきたことからも，目的意識

の大切さが分かると思います。

　たびたび東海大会へ出場するようになって思うことは,「東海大会で勝ち残って,全国大会へいこう」と,目標を立てているチームは,3分の1あるかないかということです。さらに,「優勝しよう」などと思って取り組んでいるチームは稀です。ほとんどのチームが,東海大会へでられたことで満足なのです。今の私だって,「全国で優勝しよう」などとは思っていません。全国大会へでられたら満足なのです。

③　ペナルティーからActionを起こす

　目標を立てたら,その目標が達成できるような行動を起こさなければなりません。立てた目標に見合う努力をさせなければ,どんな目標を立てさせても,絵にかいた餅です。そのために教師は,授業で言えば教材研究に没頭しなければならないのです。

　評価は簡単です。目標を立てるときに,生徒自身が,客観的に自己チェックできるような評価基準が用意されているはずだからです。極端に言えば,部活動の場合は,できたかできないかのどちらかです。

　問題は,その評価を受けて,「どう動くか」です。私が,大事にしていることは,「ペナルティー」か「飴」を与えることです。「罰」と「餌」ではありません。その期限までにできるようになるように努力を積んできたのだけども,「できなかった」ならば,さらに努力をするしかないのです。「できるようになった」ならば,賞賛を与えてやらなければ努力は報われません。

　美里中学校バレー部では,1日の練習試合で立てられた短期目標が,達成されなければ,決められたペナルティーをやり終えてから次の日を迎えることが,当たり前のこととなっています。

　ある土曜日の練習試合で,華花という生徒が,サーブをミスり続けました。その結果,100本の椅子倒しというペナルティーが与えられまし

た。

　椅子倒しとは，エンドラインに並べられた椅子をサーブで狙い，倒すというものです。しかも，ボールは，ネットと両サイドに立てられたアンテナの上に張られた紐の間を通過させなければなりません。

　練習試合を終えて，中学校の体育館へ戻ってきたのが，夕方の7時頃だったと思います。解散するときに，私は，「ペナルティーは一人でやるからこそ，力になるものだ。他のものは手助けをしないように」と，いつものように生徒たちに言い残しました。

　次の日曜日の朝，私が体育館へ着くのを待ち構えていたかのように，彼女は，私のところへやってきました。手には，バレーノートが握られていました。「先生，100本倒し終えました。父が，ボール拾いをしながら，ずっと私を見守ってくれました」と言って，そのバレーノートを開いたのです。

　そこには，正の字が，200以上も並んでいました。そして，その横には，何本目で椅子を倒したのかが分かるように，倒した数が刻まれていたのです。数えてみると，サーブを打った本数は1035本，その数字の横に，椅子を倒した本数100本という数が，はっきりと書かれていました。

　そのノートを見て，私は彼女の成長に思わず涙がこぼれそうになりました。ただ，「100本倒しました」と，言葉で言うのは簡単だし，いくらでも自分を誤魔化すことができます。しかし，1本1本自分で書いた記録を誤魔化すことはできません。自分自身に強くならないと決してこんな行動はとれないのです。もっともこんな指導ができるのも，美里クラブの父母会の支えのおかげです。

　そしてもう一つ，どうして彼女がこれほどまでに成長できたのかということをお話しします。彼女が小さい頃，両親が離婚しました。それからは，父親がすべての面倒を見てきたのです。入部した頃は，いろいろな問題もありました。仲間たちとうまくやっていけないこともありまし

た。

　しかし，彼女のバレーに対する意識が大きく変わったのは，全国大会が，九州で行われるということを知ってからでした。実は，別れた彼女の母親は，九州に住んでいたのです。「全国大会の舞台で，私のがんばっている姿を，母親に直接見せたい。見てほしい」という強い願望が芽生え始めたのです。

　そして，彼女はとうとうその夢をかなえ，母親に大きな恩返しができたのです。

　先ほどの評価の話に戻ります。さらにもう一つ，大事なことは，短期目標が細分化されればされるほど，CheckとActionは，錯綜してしまいます。だから，すぐに評価をし，すぐその場で行動させることが重要になってくるということです。タイムリーな瞬間を逃すと，評価の効力がなくなっていきます。並行して，教師が指導法を見直すことは当然言うまでもありませんが。

　ペナルティーは，いつしか，「罰」から「術（すべ）」になるのです。このことを証明する場面をこの項のまとめとしてお話しします。

　東海大会で2連覇を達成した日のことです。生徒たちと親たちと歓喜の渦に酔いしれながら解散しました。その後私は，校長への報告のために学校へ戻りました。そして，全国大会へ向けての書類作りなどをしていました。

　ふと職員室の窓から，暮れかけたグラウンドを見ると，走る一人の生徒の姿が目に飛び込んできました。私は一瞬，その光景が信じられずに，職員室から走りだしました。そこにいたのは，母親が見守る中，一人で黙々と走り続ける由梨という生徒でした。私は，そっと母親の横に寄り添い「今日も走ってるんですか」と話しかけました。すると「『今日の大会でも，自分が立てた目標が達成できなかったので，そのできなかった分，走らせてください』と頼まれたのです」と母親は答えました。し

ばらくの間，私も彼女が走り終わるのをその場で待っていました。

走り終えた彼女は，笑顔で「先生に，見えないところでの努力の大切さを教えてもらったからです。全国大会でも勝ち進みますよ」と，言いました。私の思いを遙かに超えるほどにまで成長した彼女が，暗闇の中で眩しく見えました。

3 上から見るのと下から見るのでは大違い
―ブルジョアの甘い蜜の味―

　教師は，日々の仕事に追われ学校と家だけの往復の生活を余儀なくされます。それゆえ，一般的に「教師は世間知らずだ」と言われてしまいます。だから，私は，いかに「遊ぶ」かということをいつも考えています。すきあらば，一刻も早く学校を後にし，いろいろな場所へいろいろな人たちと社会勉強のために繰りだすのです。一度きりの人生，知らずに死んでしまったらもったいないと思って，世間が許す範囲で経験を積んでいます。

　特に思うのは，少しでも上の世界を覗きたいということです。そんなに裕福ではありません。しかし，ブルジョアの生活には，とても興味を引き付ける魅力があります。アルマーニのスーツを着こなし，マリオットホテルでフレンチのフルコースを食べたり，会員制のリゾートホテルのプールで体を焼いたり，どこかの美人とオーケストラ付きのミュージカルを特別席で鑑賞したり，年に一度は贅沢をしたいものです。そういう経験をすると不思議と金は無くても，人生に余裕がでてくるのです。ただし，ブルジョアの甘い蜜の味が忘れられなくなってしまうと身の崩壊です。気をつけてください。

　部活動でも同じです。上には上があるものです。1勝できるようになると，次は「市内大会で優勝したい」。次には，「地区大会を勝ち抜いて

県大会へ出場したい」。そして「東海・全国」，最後には「日本一」が，最高のブルジョアの甘い蜜を味わわせてくれる頂点なのです。

　高橋中学校時代，市内で勝てるようになっても，数年，地区大会では勝てませんでした。先にもお話ししたように，同じ地区の岡崎市の中学校には，歯が立ちませんでした。だから，中期目標を「県大会出場」に掲げていても，多くの先輩たちが，立ちはだかる高い壁の前で涙をのみました。

　しかし，とうとう7期生の生徒たちが，その壁を超えたのです。新人戦では，岡崎北中学校に15－0，15－3で赤子の手をひねられるように惨敗をきっしました。

　それからの10カ月間「地区大会で3位」という目標を見失うことなく，生徒たちは「短期目標」をひとつずつクリアしていきました。そして，夏の総体地区大会で県大会出場をかけて，岡崎北中学校とリベンジをかけて対決したのです。2対1という苦しい試合でしたが，生徒たちは勝って，見事目標を達成したのです。

　勢いとは恐ろしいものです。組み合わせまで味方につけて，県大会でも準優勝になり，東海大会出場を決めてしまったのです。まさに棚から牡丹餅でした。これが，豊田市バレー界初の東海大会出場の真相です。

　一つ付け加えたいことがあります。この年の県大会は豊橋市で行われました。豊橋市の総合体育館へ着き，バスを降りると，かつて「二度と来るな！」と怒鳴られた牟呂中学校の市川英輝先生が「とうとうここまで来たな」と言って出迎えてくださいました。そして，東海大会出場が決まった瞬間には，高師台中学校の金子直己先生を始め，豊橋でお世話になった先生方が，飛び出してきて握手をしてくださいました。

　県大会を勝ち抜けたのは，きっとこんな先生方に囲まれた中で試合ができたおかげだと思います。

　初の快挙だということで，校長の伊藤昇先生が，大々的に祝ってくだ

第2章　勝つチームを創る

さいました。三重県で行われた東海大会へも宿泊でいかせてくださいました。お祭り騒ぎで，試合で勝つなどという考えすら浮かばないほどでした。いたれり尽くせりで，まさにブルジョアの蜜の味でした。

　勢いというのはあるもので，1回戦は勝ってしまいました。しかし，ベスト4をかけた相手は，全国大会を狙っている強豪，三重県の嬉野中学校でした。12点まではいきましたが，力の差と意識の差は格段に違いました。この試合をきっかけに気にかけていただけるようになった中西孝之先生の指導を知れば知るほど，到底勝てる相手ではなかったことを，後になって実感しました。

　運よく東海大会まで登って，上から下の県大会や地区大会を見下ろして見ると，不思議ですが，「今までなんと低いレベルで，もがいていたんだろう」と思えてくるのです。数年のちには，それと同じことを，東海大会の決勝戦でさえも実感したのです。

　東海大会へでられるようになると，今度はベスト4の壁の厚さを感じるようになりました。「夢は全国」まぎれもなく「夢の全国」です。ベスト4のレベルは，ケタ違いでした。プレーの美しさもスピードも，あれが中学生かと疑いたくなるほどでした。

　そのベスト4の中で，さらにもう一つ勝って3位に入賞しなければ，全国大会への出場権は獲得できないのです。

　しかし，一度全国の舞台を経験すると，今度は，東海のレベルの低さを感じるようになるのです。さらに，打ち合い，拾い合いの会場中が，手に汗握って見入っていた東海の決勝戦でさえ，結局はお互いのミスの仕合いで，ミスの少ない方が優勝をしているんだということを優勝して実感しました。

　下から見るのと上から見るのでは本当に大違いです。どんな間違いでも，たまたまでもいいから，今より一つでも上の舞台へ登ってみてください。ただし間違いやたまたまが，起こることを期待していては，決し

て起こらないものですが……。ブルジョアの甘い蜜の味は，我々教師だけではなく，生徒たちの人生にも，さらなる夢の広がりを与えるものなのです。

4 言い訳からは，勝利は生まれない
―時間，場所，経験を作ることが監督の一番の仕事である―

　目標が決まれば，次はそれが実現できるように計画を立て，日々努力をするだけです。計画を立てることを苦手とする人は多くいます。仮に時間をかけて立てたとしても，思い通りにはいくはずがありません。だから，私はめんどくさがり屋で，いいかげんな男ですから，最初から無駄なことはしません。

　しかし，常にビジョン（展望）はもっています。このビジョンがないうちは，先ほど話した生徒の力に合った「目標設定」がうまくできません。ビジョンは，知識と経験，勘とセンスだと思います。ありがたいことに知識と経験は，いくらでも努力しだいで身につくものです。ただ，勘とセンスは，生まれもった天性の要素が多いように思います。教師という職業自体も，勘とセンスがある人が，生徒の心をつかみ，抜群の指導力を発揮できるもののようです。

　1年生で入部してきた頃，学年で一番小さくて体重がある生徒が，3年生になったら中心的なプレーヤーになっているということは，結構あるのです。彼女が「化ける」ことがビジョンになければ，言葉は悪いですが，彼女はただの「ちびデブ」のままだったはずです。

　また，チームについても，入部してきた生徒たちに，「どこを長期目標と定めさせるのか」を見極めるビジョンが必要です。先ほどの美里中学校バレー部7期生の場合も，私のビジョンがなかったがために，生徒の能力を十分に発揮させてやれないことになってしまいました。

訳も分からずに，片っ端から電話をかけ，練習試合にでかけていると
き，幸田南部中学校へお邪魔しました。その日は，一緒に練習をしてく
ださいました。当時は，練習メニューも少なく，練習の意味さえも分か
っていなかった頃でしたので，とても助かりました。
　午前中で終えて帰るときです。幸田南部中学校の生徒たちが，集まっ
て弁当を食べていたのです。不思議に思い「午後からも何かあるの」と
尋ねました。すると帰ってきたのは，当たり前のように「練習です」と
いう言葉でした。休日は，午前か午後の半日練習しか頭になかった私は，
とても驚きました。しかも，その日は，午前中にいろいろな練習メニュ
ーをこなしたのです。果たして午後からは，どんな練習をするのだろ
うという疑問が浮かぶのは当然です。なぜならば当時の私は，半日でさ
え，だらだらと同じメニューを長い時間やらせるしか，術をもっていな
かったからです。
　踵を返し，顧問の小嶋利之先生（現福岡中学校校長）の元に戻り，疑
問をぶつけてみました。すると逆に「どうして１日，練習しないのです
か」と問いただされました。私は「部活数が多くて，体育館が１日使え
ません」「校長会の申し合わせ事項等で，練習がやれない曜日が週に何
日かあります」「小学校の経験が０だから，いい練習メニューが見つか
りません」と言い訳を並べたてました。
　すると「顧問の一番の仕事は，練習場所と時間を確保することですよ。
あの中学校は，小学校の経験があるから……なんてことを言っていても
始まりませんよ。だったら，小学校の分まで，この２年半で経験を積ま
せてやればいいじゃないですか。そのためにも，練習メニューを考える
ことが大事ですね」と熱心に熱く説いてくださいました。それ以来，私
は決して言い訳をしないように心がけました。言い訳からは，勝利は生
まれないのです。

5 女はチームではなく，監督につく
―女性を引きつけるテクニック―

　女子の指導には，手を焼くものです。ここでは，どうしたら，うまく女子の指導ができるのかをお話ししていきましょう。女性の教師のみなさんには，失礼なことも多くお話しさせていただきますがあしからず。

　大人になっても，女性は難しい生き物であるとみなさんも日々実感してみえることでしょう。中学生の女子でも，小学生の女子でも同じ女性です。まずそれを肝に銘じて，自分の人生経験と重ね合わせて考えてみてください。

　「女はチームではなく，男につく」のです。女性は，いくら仲良しの女同士の仲間がいても，彼氏ができたとたんに，仲間よりも彼氏を優先します。男性では考えられないことですが，このことに指導のヒントが隠されています。

　まずは，教師の前に一人の男性として「男を磨く」ことです。無精ひげをはやし，髪の毛もぼさぼさで不潔にしていては論外です。特に若い女性は，美しさに敏感です。ジャージでもセンスの良いものをかっこよく着こなすことです。当然態度や身のこなし，話し方など内面を磨くことも重要ですが，外見こそ重要だと思います。

　さらに，外見には，堂々とした自信に満ちあふれた態度も含まれます。初めての大きな大会や，相手が大監督だと，どうしても委縮してしまいます。私は今でもそうです。しかし，大事なことは，演じるということです。それができないと，生徒たちから信頼を得ることはできません。相手をバカにしたり，いばったりするのとは違います。大先輩に，敬意を払うことを忘れては，生徒の指導はできません。

　次に大切なことは，常に主導権を握れる状態を維持するということで

す。恋愛中のことを思いだしてください。出会ってすぐの頃は，女性は男性に尽くしてくれます。おいしいお菓子を作ってくれたり，メールでも頻繁に送ってくれます。そして，いたるところで精一杯の優しさと気配りを，笑顔とともに与え続けてくれます。

しかし，いつしか気づかないうちに，主導権を握られてしまっているのです。さらに恐ろしいのは，尽くしてくれていた頃の2倍も3倍ものお返しをしなければならなくなっているのです。しかも，それは終わることなく永遠と続くのです。

いつがターニングポイントだったのでしょうか。きっと完璧な主導権を握られるまでには，いくつかのターニングポイントがあったはずです。そこを逃してしまうから，地獄の日々へと落ちていったのです。大切なのは，いつも危機感をもって，ポイントごとに，手を打ち続けることです。

女子指導には，愛と優しさが必要です。しかも，自分一人だけに注いでくれる愛と優しさです。ならば，語弊があるかもしれませんが，愛と優しさをつぎ込んで虜にさせるのです。恋愛に近いかもしれません。「生徒一人」対「教師」の関係を生徒分作るのです。言うならば，三角関係どころではすみません。10角関係，ときには20角関係にもなるのです。三角関係をうまくやっていくには，見えない（見えてはいけない）水面下の苦労を伴います。それ以上の数の女との関係をつくるのですから，教師の仕事とは大変なことです。

誰か一人にひいきや特別視があったら，もうその関係は，すべてが崩れてしまいます。常に女は仲間には厳しい視線を向けていることを忘れないことです。さらに，先ほど話した通り，一人の生徒にでも主導権を握られてしまったら，取り返しがつきません。

まさに男と女の駆け引きです。いつも優しいだけでは，つけ上がるのは目に見えています。厳しいだけでも，恋愛感情は生まれません。

女性に男性の愛と優しさを感じさせる一番の方法は，一緒にいる時間を長く共有することです。「絶対にあの男は嫌だ」と言っていた女性が，知らない間にその男性と付き合っていたなんてことも結構あります。大概の場合，それは，男性のしつこさに負けてしまった結果です。あれほど嫌がっていた男性でも，一緒にいる時間が長くなると，女性の心は百八十度変わってしまう証拠です。
　次に大切なのは，一人ひとりに，それぞれ特別な言葉がけをすることです。「先生は，私のことをよく見てくれてるな」と思わせられたら，こっちのものです。生活ノートなどへのメッセージやメールなども効果的です。ときには，手紙などを書くことをお勧めします。
　卒業生が体育館に遊びに来たときに，必ず「やってください」とせがむものがあります。それは，「シートレシーブ」なのです。「シートレシーブ」とは，教師対3人のレシーブ練習方法です。教師が，3人の生徒へ次々とボールをだすバレーボールの練習の中で，最も厳しいものの一つです。ときには，過呼吸になりそうになったり，ボールが当たって鼻血を流しながら倒れるまで続くこともある練習です。その練習をお願いするわけですから，女という生き物は分からないものです。
　「みんなが見ている中で，私だけが先生に苛められたい」そんなマゾ的な願望をもっているようです。こういった本能をくすぐる厳しさも，女性にとっては必要なのです。
　「馴れ馴れしくなってきたな」「わがままが見えてきたな」「気を遣わなくなってきたな」「動きが鈍くなってきたな」「返事がいいかげんになってきたな」「視線が合わなくなってきたな」「隠れて，こそこそし始めたな」「仲間関係がぎくしゃくしてきたな」など，少しの変化を敏感にキャッチすることです。
　そして，キャッチしたときは，必ず投げ返してやらなければなりません。しかも，倍の強さで。そして，思いっきり突き放すのです。恐れて

中途半端ではだめです。逆にやり返されてしまいます。優しさも厳しさもメリハリが大事です。また，直球勝負では，勝ち目はありません。

「過呼吸」という症状があります。これは，あまり男性には起こらない症状です（最近では，男性でも起こることはあるそうです）。練習の中でも，女子生徒は，厳しい練習から逃れるために，この「過呼吸」状態を作りだすことがあります。その「過呼吸」の症状は，見るからに苦しそうで，「ただごとではない」と心配になるほどです。

しかし，そのとき，練習を中断し，「大丈夫か」と優しく駆けよったら，もう負けです。すると，厳しい練習をするごとに，次々に「過呼吸」を起こす生徒が増殖してくるのです。

だから，最初に過呼吸を起こした生徒には，そのボールを優しく受け止めずに，さらに強く投げ返さなければならないのです。練習をやめることなく，さらに走り回らせるのです。

すると，「過呼吸になったら，逆にもっと苦しくなる」と無意識のうちに体が感じ，けろっと治まってしまうのです。ちなみに「過呼吸」は，酸素の吸い過ぎで起こる症状ですから，それほど心配はいらないそうです（これは特殊なケースです。本来は生徒の健康管理こそ重要です）。

女はチームにではなく，男につくのですから，教師に全員がつけば，チーム創りは容易いはずです。逆に「教師」対「一人ひとり」の関係ができなければ，女子チームの指導は難しいことになります。

そして，もう一つ，女子の場合，「何を言ったかではなく，誰が言ったのか」が最も重要なことになるのです。

福井県の陽明中学校の辻牧男先生は，結婚して20年以上もたった今でも，夜は奥さんと手を握り合って眠るそうです。女性の心を知り尽くした辻先生と比べれば，私はまだまだ，社会勉強が足らないようです。

最後に男の場合はどうでしょうか。言うまでもなく，男は女よりもチームにつく生き物です。

6 そろう
―リズムがそろうチームには敵はない―

　一目見ただけでも，強いチームは分かります。まとまりのある学級も教室を覗いただけですぐに分かるものです。不思議なものですが，全体の雰囲気が，強さやまとまりを醸しだしているのです。そうなればしめたものです。試合の前に，もうすでに勝負ありです。

　また，たとえ今は試合で負けていても，きっと強くなると予想がつくチームもあります。また，学級でも立ち上がりの様子だけを見ても，同様なことが分かります。そんなチームには脅威を覚えますし，そんな学級を目にしたときは，大きな期待を寄せます。

　強さやまとまりが，雰囲気となって人に伝わるのに必要なことは何なのでしょうか。それは，一言でいえば「そろう」ということです。

　それでは，「そろう」とはどういう状況を示すのか，お話しします。

①　レベル1「服装や身なりがそろう」

　「そろう」には，レベルがあります。まず一番低いレベル「服装や身なりがそろう」ことから話を始めます。

　どんなチームでも，ユニフォームを着ると，とたんに強いチームに見えるようになります。それは全員の服装がそろうからです。また，全員が髪の毛を短く切っているチームは，それだけで強く見えます。でも，大事なのは普段の練習で，どれだけ服装や身なりがそろうかです。

　私のチームの場合は，下は短パン（以前はブルマ），上着はTシャツです。その上に目標を書いたゼッケンを付け，額には鉢巻を巻いています。そして，髪の毛は，どんどんと短くなっていき，今ではスポーツ刈りほどになってしまいました。

以前，イギリスから留学生が来校したとき，そのバレー部の練習する姿を見て「Amazing Country」（驚愕の国）と言わしめたほどです。
　さらに，大会には，おそろいの赤色のジャージをはき，黒色のMisatoのロゴ入りのポロシャツを着て，会場に乗り込みます。ここからもう勝負は始まっているのです。
　これは蛇足ですが，みんなが眉毛を細くしているチームは，怖くは見えても，強さは感じません。「あんな奴らに負けてなるものか」と，逆に相手に闘争心を燃やさせてしまいます。

②　レベル2「行動がそろう」

　これには，二つの「そろう」があります。
　一つ目は，生徒の行動自体です。その一番の基本は，ランニングの足並みです。これは，新任のときに，野球部の内藤博己先生（現市教育委員会指導主事・生徒指導で私の最も尊敬する先生です）から教えていただいたことです。そして，掛け声もそろえることがスポーツの「いろは」の「い」です。
　集合のときには，集まり方，集まった後の並び方，立ち方，手の位置，目線，返事の仕方など，そろえ方を教える必要があります。ボール拾いひとつとっても，三つ以上は一度にボールをもたないとか，ボールの渡し方などもそろえたいところです。さらに，あいさつや雑巾がけなどもそうです。
　しかし，一番は，何といっても練習がそろっているかどうかです。たとえば，2人組のパスでも，等間隔に並び，2人の距離も，どのペアも同じ。ボールのいきかうスピードや高さもそろうようになれば，かなりのものです。どの練習メニューも，キャプテンの号令で始まり，そろうことを意識することが大事です。
　二つ目は，行動した結果です。トイレのスリッパや脱いだ靴をそろえ

る。椅子や机をそろえる。荷物や脱いだ服をそろえる。さらに，並ぶときやランニングなどのときには，背の順を意識することです。その際，バレーボールは背が高い人の方が有利だから，学年は関係なく背の高い人から順番に並ぶことを意識させます。

　大会でさえも，荷物や靴がそろうように並べていないチームを，まだまだ多く見かけます。ぜひ，このレベルまでは，指導したいものです。

③　レベル3「フォームがそろう」

　行動がそろってくると，仲間の動きもみんな似てくるようになります。顔つきまでもが，似てきます。服装や身なりをそろえ，同じ行動を意識して行っていれば，それは当然のことなのです。

　強いチームは，スパイクやレシーブなど，すべてのフォームが同じように見えるのは，ここに秘密が隠されていたのです。いくらフォーム作りばかりに手を入れても，メッキはすぐに剥がれてしまいます。ましてや，チーム全体のコートの中の動きをそろえることは，小手先だけで一朝一夕にできるものではありません。

④　レベル4「意識がそろう」

　思いや感じ方，考え方がそろうレベルです。「形が先か，心が先か」教育界では，常に議論になるところです。

　私の考えは，形が先です。人間は生まれながらにして，善い心をもっているとは思っていません。孟子が言うように，性悪説に近い状態で人間は生まれてくると思います。その後，人間社会でみなが幸せに共存できるよう教育を受けて人になるのです。教育がなければ，人間は動物のままで，人になることはできません。

　教育とは，何も知らない人間に，いや悪い心（欲深く，怠け，弱いものをいじめる）をもった人間という名の動物に，善を教えて，育ててや

ることです。

　そして，指導とは，善い行いを具体的に指し示して，導いてやることです。教え，指し示すことなく心を育てることはできません。私は，教え，指し示すことが，形をそろえることだと考えるのです。それは，生徒の心を育てることを無視して，教師が管理的に力で押さえつける指導とは違います。

　L1「服装・みなり」，L2「行動」，L3「フォーム」この三つのレベルまでが，教え，指示してやる「形から入る指導」だと考えています。そして，L4「意識がそろう」段階から，「心を磨く指導」に入っていくのです。

　意識がそろうとは，同じことを思い，同じように感じ，そして，同じように考えられる心を育てることです。スタートは，最初にお話しした，目的意識の共有化を図ることです。ここでは，私が実践している具体的な方法を四つ紹介します。詳しくは後項でお話します。

1．バレーノート
2．バレー通信
3．本音で語る場面の設定
4．感謝の先取り

⑤　レベル5「リズム（雰囲気）がそろう」

　最後に，一番高いレベルは「リズム（雰囲気）がそろう」ことなのです。これは，意識がそろったことによって，自然と表れる最高な状態です。過去，「夢」がかなったチームは，必ず，夏の総体前にこの「リズム（雰囲気）がそろう」状態にありました。

　夏の総体が始まる7月初めに，美里中学校へ練習試合に訪れた淑徳中学校の石川裕貴先生が，開口一番，「今年のチームは，リズムがそろっていますね。こういうチームが全国へいくのですね」と言われました。

案の定，この9期生は，東海大会で優勝し全国大会出場を果たすチームとなりました。
　チームはもちろん，それを取り囲む環境や保護者にいたるまで，もろもろのことが，すべてそろうことが，「そろっているリズム」を醸しだすのかも知れません。
　リズムが醸しだされるまでにいたったチームに，敵はいません。最大の自分自身の中に潜む内なる敵も，「リズムがそろう」という安心感には敵わないのです。
　とは言っても，いつもいつもそういうチームが簡単にできるはずはありません。
　これは，美里中学校7期生の話です。夏の大会が近づいて，いよいよ勝負のときがやってくるのに，なかなかチームのリズムがそろいません。形は，整っているのです。決められた時間より，早く練習も始まるし，意識した練習も行えています。しかし，何かが足りないのです。
　生徒たちも同じように感じていたのでしょう。夏休みに入って，私は，朝早く体育館へいきました。そこにはもうすでに，練習を始めている生徒たちの姿がありました。しかし，しばらく眺めていても，伝わってくるものがありませんでした。
　そこで私は，体育館へ入るや否や，ボールをもって彼女たちとの真剣勝負にでたのです。お互いに腹の底から声を絞りだし，へとへとになりながらも，立ち向かっていきました。私も負けるわけにはいきません。今までの彼女たちとの1年が脳裏を駆け巡り，汗か涙か分からない状態です。ボールを打てば打つほど，彼女たちの今までの苦しかった思いや辛かった日々が，そのバレーボールを通してひしひしと伝わってきたのです。
　数時間が立ち，声はかれ，足ももつれ始めた頃です。その異様な状況に気がついた近所のおばさんが，体育館へ飛び込んで来たのです。そし

て、「先生，何をしてるんですか。これは指導ではありません。あなたたちも目を覚ましなさい」と叫び始めたのです。さらに「訴えてやります」と言って，体育館を飛びだしていきました。

　私は，疲れ果て，反論する気も起らず，その場に座り込みました。すると，生徒たちは，シューズを脱ぎ，一目散に，「待ってください」と悲痛な叫び声をあげて，そのおばさんの後を追ったのでした。校門あたりで，おばさんを何とか引き止め，「先生は悪くありません」「私たちが，だめだから，真剣に教えてくださっているのです」「先生がいなければ私たちはだめなんです」それぞれが，口々に自分の言葉で，私を弁護しているのが聞こえてくるのです。教師としてたまらない至福のときでした。

　その姿には，誰かの後を追って形をそろえる行動はありませんでした。一人ひとりが，自分の意思によって一歩目を動きだした瞬間だったように思いました。そして，何よりも一番足りなかったのは，生徒と私との信頼関係だったのかも知れません。椅子に座り，上からの指導だけでは，チームのリズムはそろってこないのです。

　学級指導でも同じことだと思います。4月から，そろえることを意識した具体的な指導を継続し，生徒たちと同じ目線で心のキャッチボールをしている教師は，毎年まとまりのある学級を創り上げているのです。

　一つ，一番大事な「そろう」ことを付け加えておきます。それは「人数がそろう」ことです。部員がいなければ，どんな指導者でも勝たせることはできません。生徒がいなければ，我々教師は廃業です。

⑥　ライバルと競い合う

　静岡県の鷲津中学校とは，お互いによきライバルとして切磋琢磨している関係です。鷲津中の村松伸浩先生は，独自の理論で，他とは，明らかに違うチーム創りを行っています。一言で言えば，女子の指導であり

ながら，男子の指導を行っているといえるのかも知れません。フォームにはこだわらず，「とにかく拾って，上げて，ブロックをぶち抜け」が持論です。サーブもとにかく，会場の一番後ろから，思いっきり打つ指導を行っています。でも，どういう訳かリズムがそろっているのです。

　出会ったころから，お互いに「東海大会で対戦したい」と呪文のように言い合ってきました。東海大会出場チームは，どこも小学校の経験がある中学校ばかりでした。「小学校の経験ゼロで，我々は，東海大会へ出場してやる」という野心を燃やしていたのです。

　生徒たちにも当然，このライバル関係は意識され，後輩たちに引き継がれていました。面白いのは，練習試合や招待試合などで会うたびに，髪の長さを競うのです。鷲津中の生徒の方が短くなっていれば，次に会うまでに，美里中学校の生徒の方が短くなっているのです。

　当然，髪の毛だけではありません。試合で負けようものなら，お互いに，自分たちの体をとことん痛めつけるのです。その痛めつけ方も，村松流です。そこには，生徒たちの行動やフォームがそろうことはないのに，リズムがそろっているのです。不揃いの美が確かにあるのです。

　そして，ついに，三重県で行われた東海大会へ，2校同時に出場できる幸運を体験したのです。

　そのときの，両チームの髪の長さは，丸坊主の男子と見分けがつかないほど短くそろったものでした。

7　仲間の多さが勝利を呼ぶ
　―「おめでとう」と言ってくれる人―

　高橋中学校の13期生が，全国大会出場を決めた「東海大会・全国大会出場決定戦」のときのことです。この試合に勝てば「全国」，負ければ「引退」という一番厳しい決戦です。「相手は，岐阜県1位のS中学校

でした。会場には多くの観客が詰めかけ，まさに手に汗握る熾烈な戦いが繰り広げられていました。練習試合でも五分と五分，勝てばお互いに初の全国大会出場が決定します。試合は，フルセットにもつれ，3セット目も終盤までずっとシーソーゲームが続きました。

　12対10（サーブ権制最後の年）と引き離されたときに，私は最後の作戦タイムを取りました。落ち着いて会場中を見回して驚きました。ほとんどすべての観客が，高橋中学校に力一杯の声援を送っていることに気づいたのでした。岐阜県の他チームの選手や保護者さえ，地元ではない高橋中学校を応援してくれていたのです。そのタイムの後，そのことに大きな力をもらった生徒たちは，大逆転勝利を収め，夢を勝ち取ったのです。

　このことは，今までただ勝ち負けだけにこだわって，練習試合をしてこなかった姿勢や，教師も生徒たちも「同じ夢を追いかける仲間」として，手を取り合い，励まし合ってきた成果だったと思います。

　どんなに力がないチームでも，荒れているチームであっても，練習試合を断ったことがありません。同じ中学生としてともに学び合えるチャンスと考えているからです。私の心の底には，新任の頃，どこにも相手にしてもらえなかった虚しさがあります。だからこそ，訳が分からず，がむしゃらに情熱だけで指導してみえる教師には，敬意を表したいのです。生徒たちに常に言い続けているのは「あなたたちみたいなチームと，わざわざ試合をするために来てくれるチームがあることは，幸せなことですね」という言葉です。

　それは，部活動だけにとどまりません。学級でも地域でも仲間を増やすことが大切です。試合に勝っても，「おめでとう」を言ってくれる仲間がいなければ，部活で努力する意味がありません。教師でも同じことが言えます。勝って職員室へ戻って来たときに，誰からもお祝いの言葉がなければ，悲しいばかりです。でも，こういう場合は，自分の仕事ぶ

りを反省しなければならないはずです。

　大会の前には，出場チームの監督が集まって，監督会議が行われます。地区大会の監督会議でさえ，知らない先生ばかりだった頃は，地区を抜けることはできませんでした。東海大会の監督会議でも同じです。出場回数が増えるに従って，知った教師が増えていきます。「今年は，このゾーンがおいしいね」とか「○○中学校がダークホースだよ」とか，さらには対戦相手の情報交換などが行えるほどに仲間が増えたとき，初めて勝利が見えてくるのです。

　全国大会の決勝トーナメントの抽選会会場でも同じような場面が見られます。当然ながら全国広しと言えども，全国制覇を目指して，切磋琢磨しているチームはごくわずかです。その集団に入っていかない限り，全国大会での上位進出は望めないのです。

　教師が仲間を増やすことが，生徒にとっても大切なことになります。

　私には，全国に多くの仲間ができました。兵庫県の岩岡中学校の篠崎俊哉先生，和歌山県の紀伊中学校の山崎満里恵先生，奈良県の新庄中学校の小峠博幸先生，滋賀県の水口中学校の林信良先生，福井県の陽明中学校の辻牧男先生，三重県の嬉野中学校の中西孝之先生，久居東中学校の浦出直人先生，静岡県の鷲津中学校の白井孝昌先生，新居中学校の佐藤辰彦先生，白須賀中学校の村松伸浩先生，山梨県の甲府東中学校の鈴木仁先生，神奈川県の六ッ川中学校の加藤祐貴先生などです。まだまだ，あげればきりがないほどです。

　愛知県内にも多くの仲間がいます。その仲間たちとも「全国大会出場」を目指して，ともに励まし合いながらここまでやってきました。

　私が，一番うれしく印象に残っているのは，平成18年の夏の大会です。

　名古屋の久方中学校の中山善也先生と尾張の弥冨中学校の吉次章浩先生，そして，豊橋の東陵中学校の坂口典子先生とは，特に親しい間柄です。その年も，お互いに4校で集まっては，練習試合をよくやっていま

した。会うたびに「4校そろって，愛知県の代表になって，東海大会へ出場できるといいね。そして，一緒に全中にいきたいね」と語り合っていました。当然，生徒たちも，みんな同じ気持ちです。

そして，その年の夏，念願かなって，4チームともが愛知県の代表となって，東海大会へ進出できたのです。こんなに嬉しいことは，後にも先にもありませんでした。

8 美しさの条件
―輝き・バランス・そろう・使い込む―

人はだれしも美しいものに憧れます。それは，いつの時代でも，どこの世界でも，大人でも子どもでも同じです。そして，美しさに憧れ，それを求める姿勢が，勝つチームを創る要素にもなるのです。ここでは，美しくあるべき条件についてお話しします。

美しさの条件一つ目は，「輝き」です。人は，光り輝くものを美しいと感じます。たとえば，体育館でいえば，窓ガラスや床が，埃さえなく雑巾で拭いてあれば，美しく感じます。また，真夏の甲子園球児が流す汗や涙は美しく，多くの人々の心を魅了します。さらに，「瞳を輝かせる」という言葉や「心を磨く」という言葉を教師はよく使います。これも人の美しさを表すものです。

二つ目は，「バランス」です。美人のモデルを例にあげれば，理解できるでしょう。目・鼻・口が，それぞれ美しくても，顔全体のバランス（大きさや位置など）が悪ければ，美人とは言えません。また，スタイルもよくなければモデルは務まりません。このスタイルの良さも，やはりバランスです。学級掲示も配置と色のバランスが大切ですし，整理整頓についても同じです。

バレーボールにおいては，良いフォームは，良いバランスによって作

られます。また，流れるようなレシーブからスパイクまでの組み立てにも，バランスを重視することが必要です。このバランス感覚というものは，説明してもなかなか理解しにくいものです。美しいものをよく見て，バランス感覚を磨くことです。

　三つ目は，「そろう」です。これは先ほどお話ししました。

　「美しい教室ですね」と言われる教室は，掃除がいき届いた輝きと，掲示物や備品の色と配置のバランスがいいのです。そして，机やロッカー内などの整理整頓がなされているのです。さらにもう一つ，その学級の生徒たちの心も磨かれ瞳が輝いている，そんな学級が創れたら素敵です。

　そして，最後に「使い込む」です。これは，お金を使い込むのとは違って，とても価値のある美しさです。ものがあふれている使い捨ての時代だからこそ，ますます貴重な美しさになってきています。

　バスケットボール界で有名な指導者であった故矢田香子先生の学生時代のこんな話を聞いたことがあります。彼女は，やり投げの選手でした。家は貧しかったのですが，その力が認められ，東京の大学へ進学することができました。オリンピックを目指して，バイトをしながら毎日練習に励みました。ナイター設備もない時代です。少しでも多く練習するために，夜が明けるのを待って，練習を始めたそうです。当然，バイトは，練習ができない暗い夜に，１日の練習と勉強で疲れた体に鞭を打って深夜遅くまでやりました。家が貧しいので，学費は自分で稼ぐのはもちろん，親の生活費まで実家に送っていたそうです。

　ライバルが遠くへ飛ぶ最新のやりを買いかえる中，彼女のそれは，高校時代から何年も使っているぼろぼろのものでした。そのたった１本のやりを，彼女は毎日練習が終わると心を込めて磨き，枕元に置いて眠ったそうです。

　彼女が４年生になった頃，不幸なことに母親が急死しました。母が亡

くなったことで，実家へは送金しなくてもよくなりました。そこで，彼女は，そのお金で最新のやりを買うことができるようになりました。他のライバルたちがしているように，毎月，毎月新しいやりを買いかえ，練習に励みました。しかし，どういう訳か，記録が伸びませんでした。新しい靴を買いかえ，練習着を買いそろえれば，買いそろえるほど，平凡な記録しかでなくなってしまったのです。

　使い込んだものには，使っている人の魂が入り込みます。先輩たちの汗と涙の染み込んだボールは，磨けば磨くほど輝きをまします。また，ユニフォームや横断幕なども，ほころびを丹誠込めて針と糸で縫えば，どんなに新しいそれらであっても，かなうはずはありません。そして，何よりも，用具を大切にする気持ちと態度こそが美しいのです。

　余計なお世話ですが，「先生はいつもうつくしいですね」と生徒から言われるように，女性の教師は，自分自身を磨く努力を怠らないようにしたいものです。

9　足し算の法則
　　―時には，引き算が掛け算となってかえってくる―

　だいぶ古いですが，水前寺清子さんの歌に「幸せは歩いてこない。だから歩いてゆくんだね……略……3歩進んで2歩下がる」という歌詞があります。作詞は，星野哲郎さんです。我々教師は，生徒に対して，回り道だとか，後退することを避けて最短距離を進ませてやりたいという気持ちが強くあります。それは，多くの先輩たちが通った道をたくさん見てきているから，目的までの効率的な道のりがよく分かるからです。しかし，目の前の生徒たちは，今この道を初めて通るのです。苦労も我慢もなく，舗装された1本道をアドバイス通りに歩んでいくだけでいいのでしょうか。

いや，違うと思います。私は，先ほどの歌のように後退させることも大切な経験だと思います。さらに，ときには崖から突き落とすようなことも必要だと思うのです。

　昨今，加点法という考えが生徒指導の主流になってきています。良いところや良い行いを認めて，褒めていこうという考えです。とても素晴らしい考えだと思います。ただ，悪い部分は見ないように，良い部分だけを足していこうという考えには賛成できません。きっちりと悪い部分は，引き算をしてやるべきです。

　部活の指導において私は，ときどき練習をさせないことがあります。女子の場合，1日練習をさぼると，2日前に戻ってしまうと言われています。たとえそうであろうが，生徒たちが，教師の思いをしっかりと受け止めることができるまで，練習は休みです。この計算でいくと，4日休みにするとマイナス8日です。しかし，この8日間は，教師の思いを再確認できるものになったなら，マイナスが二乗になるほどの効果を生むこともあるのです。

　私の計算式によれば，再開した日には，〔休んだ4日〕×〔休んだ4日〕＝16日，16日からマイナス分の8日を引いても8日分のプラスという計算になるのです。無意味に4日休めば，マイナス8日，しかし，意味ある4日の休みならば，掛け算（二乗）になって，＋8日にもなるのです。

　強い精神力を鍛えるためにも，我々教師は，ときには，引き算が掛け算（二乗）となってかえってくるような方策を生徒に与えなければならないのです。

　その積み重ねが，いつしかマラソンの高橋尚子さんのような強靭な精神力を作りだすのです。彼女が，走ることから逃げだしたくなったとき，小出監督に言ったこんな言葉からそれがうかがわれます。

　「監督，後ろを向いて歩いてもいいですか」と。

ここまでの，どんな困難にも負けずに前へ前へ歩き続ける強い精神力は，きっと引き算が掛け算になって戻ってくるような経験を幾度もしてきた末に身についたものに違いありません。

10 引き寄せの法則
―幸運は運や偶然とは違う―

「類は友を呼ぶ」という慣用句があります。似たもの同士が，友だちになるということです。会った瞬間に「この人とは仲良くなれそうだ」とか「この人とは，馬が合いそうもないな」と思うことがあります。また，良いことが起こるときには，次々に良いことが起こります。反対に，悪いことが起こりだすと，次々に悪いことばかりが起こるようになる経験をしたことがあるでしょう。

人は，知らず知らずのうちに，体中から磁力をだしていると，私は考えるのです。その磁力によって，引き寄せられてくるものが変わると考えると分かりやすいと思います。それを私は「引き寄せの法則」と呼んでいます。

たとえば，部活動の生徒たちでも同じことがいえます。先輩たちが，夢を目指し，ひた向きに練習に励む姿があれば，夢を目指し，ひた向きに練習に励む新入部員たちが，引き寄せられてくるのです。

美里中学校のバレー部では，ここ数年，その磁力によって引き寄せられた生徒が，親子ともども学区に引っ越しをして，入部してくることがあります。私は，現行の学区制を支持しているので，その意義を保護者に強くお話ししています。しかし，それを押して，引っ越しをしてまで，子どもに良い環境を与えようと考えるのは，親として覚悟のいることだといえます。まさに「孟母三遷」の教えです。

さらに，今年の４月，Ｖリーグで優勝した「東レアローズ」が，豊田

スタジアムに，プレミアムリーグ戦のために，やって来ました。そのとき，美里中学校の体育館が練習会場として使用されたのです。

　これも，一つの引き寄せの法則が作用したことだと思います。木村沙織選手や荒木絵里香選手らが，いつも自分たちが使っているコートで練習をする姿を見ることは，生徒たちにとってこの上ない喜びと励みになったことでしょう。

　そして，私はさらに，「幸運」さえも引き寄せることができると考えています。「幸運は運や偶然とは違う」と思います。

　バレー部には部訓があります。それは，留菜さんが，『グッドラック』(アレックス・ロビラ，フェルナンド・トリアス・デ・ベス著／田内志文訳，ポプラ社) という本をまとめてくれたものです。後輩たちは，毎日，練習前に「幸運を引き寄せるために」唱和をしてから，練習に入っています。以下に紹介します。

幸運は，運や偶然とは違う
幸運は，のぞむものにしか訪れない
幸運は，欲するばかりでは手に入らない
幸運は，意志と勇気のあるものにのみ味方する
幸運は，いつでも公平に機会を与えてくれる
幸運のカギは，自分の手にしか握られていない
幸運のカギは，人に手を差し伸べられる広い心をもつこと
幸運のカギは，今日できることは今日してしまうこと
幸運のカギは，あらゆる可能性に目をむけること
幸運のカギは，決して甘い言葉には耳を貸さぬこと
幸運のカギは，チャンスに備えて下ごしらえをしておくこと
幸運のカギは，できることをすべてやったら，あせらずじっと耐えること
幸運は，自らの手で創り出せば永遠につきることはない

11 感謝の先取り
―結果が出てからでは，感謝などできない―

　TVでよく見かけるシーンがあります。それは，お立ち台に上ったチャンピオンが，みんなに喜びを伝える場面です。アナウンサーが差しだすマイクに向かって，「私たちを支えてくださったみなさんに感謝します」と叫んでいます。「美しい光景だな」と思う反面，「どうやって感謝するんだろう」という素朴な疑問です。言葉だけでは，感謝の気持ちは伝えきれません。それなら，勝った後，お世話になった方々に，感謝の気持ちを込めた行動が起こされるのでしょうか。私は，難しいことだと思います。人は，結果がでてしまった後には，なかなか動けないものです。だから，私は，「結果がでるまでに，感謝の気持ちを行動で表す」ことを強調しているのです。これが，「感謝の先取り」という考えです。

　美里中学校のバレー部の場合は，次のような行動で「感謝の先取り」を行っています。

　一つが，毎朝行う，学校の周辺のゴミ拾いです。これは，朝早くから夜遅くまで，体育館から響く音や声で迷惑をかけている近隣の方々への「感謝の気持ち」です。

　一つが，体育館の雑巾がけです。自分たちを成長させてくれているコートへの「感謝の気持ち」です。

　一つが，学級での率先した行動です。学級の仲間が嫌がるような仕事を気持ちよく行うのです。応援してくれる仲間への「感謝の気持ち」です。

　一つが，担任の先生の給食の準備と片づけです。いつも励まし，一番の理解者である先生への「感謝の気持ち」です。

　一つは，家庭での学習です。勉強をすることが，親への一番の「感謝

の気持ち」になるはずです。

　一つは，トイレを磨き，体育館をきれいな状態にして，練習試合を行うことです。はるばる，美里中学校へ来てくれるチームへの「感謝の気持ち」です。そして，全力で戦うことはもちろんです。

　夏の総体が終わって，仮に全国出場の夢がかなったとしても，その後からでは，感謝の行動などできるものではありません。

　それ以上に，思うことは，「感謝の先取り」をすること自体が，仲間や協力者を増やし，勝つチーム創りを行っているということです。

12　練習メニューの3要素
―自然と技術が身につく―

　よく見かけるのは，練習のための練習をしているチームです。大事なことは，試合に勝つための練習をするということです。そのために，今一度，練習メニューの見直しをし，試合に勝つための練習になっているかチェックする必要があります。さらに，練習メニューを見直す中で，特に配慮しなければならないことは，いかにそのメニューが効果的に行われるものになっているかです。その判断基準は，試合と同じ状態が作りだされているかにあります。

　私は，練習メニューを考えるときに，次の3点に重点を置いています。

①　能率と効率

　私が駆けだしの頃，隣のコートで練習しているバスケットボール部の大杉守先生に「いつもいつも長い時間練習してるなぁ。でも，僕だったら3分の2の時間で，同じ効果が得られるぞ」と言われました。言い換えれば，「お前の練習には無駄が多い」ということです。

　前の項で，教師の仕事は，「時間と場所を確保することだ」と，お話

ししました。当時の私は，それを確保しようと，とにかく練習をしまくることばかりを考えていたのです。しかし，その大杉先生の言葉を聞いて，生徒たちに申し訳ない気持ちでいっぱいになりました。

　それ以来，私は「どうしたら能率がよく，効率の上がる練習になるのだろう」ということを考えるようになったのです。

　バレーボールの練習の流れは，「2人組みのキャッチボールから始まって，パス，レシーブ，スパイクを打って，最後，試合形式の乱打をして終わる」というパターンが一般的です。さらに時間がたくさんあれば，「パス，レシーブ，スパイク」の時間を，だらだらと長くしているだけのようです。そして，生徒たちの気が抜けてくると，教師が球だしをして，やる気を復活させます。教師の体力にも限界があるので，それもそう長くは続きません。すると，罵声を浴びせるか，罰を与えてグラウンドを走らせるしか指導の方法は残されていません。

　それでも2時間も練習時間があれば十分です。残されている方法は，1日中，練習試合をして誤魔化すことしかありません。誤魔化すというのは，語弊があるかも知れませんが，情熱だけでは，勝つチームは創れないということです。

　手始めにまず行うことは，15分以上同じ練習を継続しないことです。飽きが一番の敵になります。15分の練習を行ったら，必ず2分の給水時間を設けることです。これは，試合を想定しています。ラリーポイントの場合，1セットは約25分です。その中に，最低でも2回は作戦タイムが入ります。最大4回です。すなわち，15分集中力が持続すれば十分だということです。

　こう考えたとき，4時間の練習を行う場合，240分÷15分＝16という計算結果がはじきだされます。すなわち，4時間の練習には，16種類のメニューが必要だということです。1日（8時間）練習を行うためには，32種類もの練習メニューをもたなければ，無駄な時間がでてきてしまう

ということです。

　次に能率が一番いい練習は，個人練習です。2人，3人，6人となっていけば，だんだんと能率は悪くなってしまいます。だから，私の場合は，個人練習に時間をさくようにしています。組んだ練習をする場合も，せいぜい5人組までの練習メニューで行っています。

　1人の練習であっても，両サイドに分かれての全員一斉のサーブ練習や，6人ずつ両コートに分かれての試合形式の練習をしているのを見ることがありますが，これは最も能率の悪い練習です。

　また，サーブレシーブ練習でも，反対側のコートの外からサーブを打ち，ネットの反対側でレシーブをしている様子が普通に見られます。時間にすると1本サーブを打って，レシーブまで3秒はかかっています。これを近い距離で行えば，2倍，3倍の能率のいい練習になるのです。よく，「サーブレシーブができずに負けた」という声を聞きます。しかし，これは違います。サーブレシーブが悪いから負けたのではなく，レシーブの技術が未熟だから負けたのです。そう考えたとき，長い距離でサーブレシーブ練習をするよりも，近い距離で2倍，3倍の練習量をこなした方が，効率がいいということです。

　一言で言えば，能率がいいとは「いかに多くのボールを触らせられるか」ということになりそうです。そして，効率を上げるためには，能率のいい練習を意欲が継続するように行わせるということになるのです。

②　自己評価できる

　ここからは，練習メニューの中身を考えていきましょう。

　評価は前項で述べた，短期目標設定と表裏一体の関係です。ここでは，最も細分化された超短期目標（一つの練習メニューでの目標）を自己評価できること，という視点からお話しします。

　すべての生徒に対して，いちいち教師が評価することは不可能です。

また，教師の評価をうっとうしく思うような生徒がでて来たとき，効果は期待できません。やはり大事なのは，自分自身で正しい評価をさせてやることです。それができれば，生徒たちは，自分自身を素直に見直し，次へのActionを起こすのです。

　では，そのためのメニューの開発をどうするのかという本題に入ります。一言で言えば，数値目標を決められるようなメニュー開発を行うことです。できれば，技術の向上に合わせ，段階的に目標設定のレベルを上げていくといいでしょう。

　たとえば，サーブ練習では，第1段階，「10分で100本入れる」という超短期目標を設定し，練習をさせます。すると，10分後，簡単に自己評価ができます。また，同じ練習でも個人のレベルによって本数を変えることもいいでしょう。さらに，ときには，2人組みで一方に記録を取らせ，正確な数値を見せることも意味があります。

　第2段階は，「10分でネットの白帯をかすって入った本数が50本以上」といったようにレベルを上げた目標設定を行うのです。もちろんできない生徒には，レベルを落とした目標設定を行うことも必要です。私の場合，サーブ練習で，最大レベルの目標は，「一歩踏みだして，白帯をかすり，ストレートのコースとクロスのコースに並べられた椅子（エンドラインから30センチ前）を10分の間に，それぞれ10本倒す」というものです。

　今，サーブについて一つの例をあげましたが，すべての練習メニューをこのような視点から見直すことが大切だと思います。

　しかし，最大の問題は，評価させた後，Actionをどう起こさせるかです。それがなければ，これまた評価のための評価になってしまいます。それが「飴」と「鞭」です。

　先ほどのサーブ練習の場合，100本以上入れば，評価は「飴」です。それ以下ならば，評価は「鞭」になります。これは，他人からの評価で

はないので，自分自身の問題として，素直にとらえることができるのです。

　この場合の「飴」は，全員の前での賞讃です。スペシャルなときには，Tシャツや食べ物をプレゼントするなどということもありますが，生徒にとって賞讃ほど嬉しいことはないはずです。なぜならば，超短期目標だといっても，それに向けて10分間全力でやった結果，目標の100本を入れられる力が身に付いたのだからです。だから，生徒にとっては，それだけで十分に満足なのです。さらにめったに褒めない私から，「やるじゃん」と言われれば，天にも昇る気持ちになるはずです。

　それでは，「鞭」は何かと言えば，達成できなかった悔しさです。しかし，それだけでは足りません。悔しさを態度で表すことが必要です。これが，前にお話しした「ペナルティー」です。足りなかった数×10回スクワットをさせたり，腹筋・背筋をさせたりします。すると悔しさが，苦しさの分だけ増していくのです。それが，次へのActionへとつながっていくのです。緊張感のある練習がなければ，試合のときのプレッシャーに押しつぶされてしまいます。

　ときには，全員が目標を達成しなければ，連帯責任をかすということも効果的です。また，「10分で100本入れるためには，6秒で1本入れなければならない」ということを考えさせる場をもつことも重要なことです。それが実感としてつかめれば，歩いてボール拾いをし，のたのたとサーブを打つ姿はなくなるはずです。

③　自然にフォームができあがる

　中学校レベルの試合は，ミスの多さで負けるのです。東海大会の決勝戦でさえ，ミスの少ない方のチームが勝つのです。そう考えると，「いかにミスがなくなるような指導をしていくのか」ということが課題になってきます。私は，「ミスがない」＝「基礎・基本ができている」と考

えています。少し上達すると，どうしても難しいプレーをさせたくなってしまうものです。しかし，基礎・基本をしっかりと身につけさせる練習を継続していくことが，勝利への近道だと思っているのです。

　こんな話を聞いたことがあります。以前，日本のお家芸だった男子の体操競技が，オリンピックでメダルが取れなくなってしまいました。そこで，メダルを量産しているロシアへ，日本のコーチ団が研修のために派遣されたのです。彼らは，ロシアのナショナルチームがどんな高度な練習をしているのか，緊張しながら会場へ乗り込んでいきました。しかし，彼らが，ロシアの練習に見たものは，基礎・基本を繰り返し行っている見慣れた練習風景だったそうです。

　それを見たコーチ団の一人が「隠さずにすべてを見せてください」と詰め寄ったそうです。そのときに返ってきた言葉が，「これが，以前日本がメダルを量産していた頃，我々が日本のコーチ団に教えてもらったすべてだ」というものだったそうです。ナショナルチームでさえも，大切にしているのは基礎・基本なのです。ましてや，我々が指導している中学生には，もっと徹底して基礎・基本を指導したいものです。

　私の練習メニューは，基礎・基本づくりのメニューばかりです。正直高度な練習は，よく分かりません。

　そう考えたとき，「能率がよく」，「客観的な自己評価がしやすい」の次に必要なことは，「基礎・基本が身につく」練習メニューだということです。言い換えれば，継続していれば，きちっとしたフォームが自然とできてしまうメニューだということです。さらには，「基礎・基本が身につく」練習が，試合のときのコート内のチームの動きにつながるものでなければなりません。

　教師の仕事は多岐にわたり，部活動の時間に至急な用事が入ることもたびたびです。教師がいなくても「能率がよく」「自己評価ができ」「基礎・基本が身につく」練習メニューを与えることができれば，生徒たち

は，どんどん上達していきます。

13 インプットとアウトプット
―聞く力は，行動に表して初めて高まる―

　女子の指導は，我慢と忍耐だと言われます。何度同じことを言っても，一向にできるようになりません。それには，きっと，すぐ目の前のことしか見えないという女性の特性に理由があるのです。

　自動車の運転をしていても，女性ドライバーは，脇道から入ろうと手を挙げても，前に入れてくれた試しがないことからも分かると思います。不親切なのではなく，横の車に気付いてないだけなのです。一方，男性は周りばかり見て，きれいな女性が本通りへ出られないで，まごまごしていれば，すかさずにクラクションまで鳴らして，前へ入れてやります。

　男子は人のプレーを常に見て，かっこいいプレーをマネしようと，ほっておいても練習をします。しかし，女子は言われたことをやれば，それだけで御の字です。また，周りを見ているようで，見ていないので，指導したことがなかなか入っていかないのです。

　しかし，時には女生徒の中にも，男性的な生徒がいます。そういう男性的な生徒がチームにいるときは，さらに強いチームが創れるときです。

　そこで，私は，アウトプットする指導を行っています。これは，聞く力を養うことにも役立ちます。

　アウトプットとは，理解したことを表現するということです。それは「声にだして言う」「何かに書く」「態度で示す」「誰かに伝える」ことです。たとえば，中間目標と定めた「東海制覇」という文字をゼッケンに書いてインプットさせるのです。マジックで書かれ，背中に貼られているので，いつでも仲間の視界に入っているのです。

　たとえば，美里中学校バレー部7期生は，先輩が引退して新チームが

できた頃は，力もなく，いろいろと練習試合や大会へいっても，勝つことは少なかったのです。1日の終わりに，生徒たちはお世話になった各中学校の先生方に，お礼を言うためにあいさつにいきます。そこで口々に言われるのが「まだまだ，全国大会への道は険しいね」ということです。そう言われると本当のことだけに，とても恥ずかしい気持ちになります。しかし，その恥ずかしさや悔しさが，また明日からの大きな力をくれるのです。それは，生徒以上に教師自身にもです。

　また，「サーブは，ネットの白帯を狙って打て」と指導すると，大きな声で「はい」という返事が返ってきます。その声を聞いて騙されてはいけません。「はい」という返事をして，すぐに打ったサーブが，ネットのはるか上を通過するなどと言うことは，しょっちゅう起こります。ですから，「白帯，白帯」とアウトプットさせながら，打たせるのです。

　全国大会で，ベスト8進出をかけて，強豪校の八王子実践中学校と対戦したときのことです。1セット目，美里中学校が24対23とセットポイントを取りました。そのときにサーブが回ってきた生徒が，麻央でした。彼女のサーブは，何度指導しても，白帯のだいぶ上を通過してしまうのです。そこで，いつもサーブを打つときには「白帯」「白帯」と声にだす「アウトプット」を実践させていました。

　その勝負を決める大事な局面でも，「白帯」「白帯」と会場中に響き渡るほどの声をだしながらサーブを打ったのです。するとそのサーブは，見事に白帯に当たり，ポロっと相手コートに落ちたのでした。それが決勝点になり，あのバレーの名門校から，1セットを取ったのでした。

　あまりにも意識のもてないことについては，何度も繰り返し，繰り返しやり直させることもアウトプットです。

　また，チーム内に問題が起こったときには，全員を集めて本音で語らせる場を設けています。もちろん，私の考え，思いなども熱く伝えます。そんなときは，みんなと語った思いが，バレーノートに，ぎっしりと書

き込まれます。また，こんなときは，必ず家で親にみんなとの出来事を話させるようにしています。こうしたアウトプットによって，彼女たちは，少しずつ視野を広げ，聞く力を身につけていくのです。

多くの学級に見られるように，夢や目標などを大きく書いて，常に見えるところへ掲示することもアウトプットのよい例です。

14 一人一役がチームを育む
―全体のレベルの引き上げ―

高橋中学校時代，今では考えられないことですが，バレー部の生徒はたくさんいました。ひと学年平均12人はいました。3学年となると36人になります。ひと学級がまるまる女子クラスになったようなものでした。バレーボールの場合，コートで試合をするのは，6名，ベンチには，マネージャーを含めても7名しか入ることができません。合計で13名が，フロアーに立てる人数だということです。

30人を超える人数がいると，練習場所の確保も難しくなります。体育館の4分の1のスペースしか割り当てがないときなどは，3年生がコートを使い，2年生はグラウンドを走り，1年生はボール拾いをするという状態が，当たり前になってしまいます。

しかし，これでは，勝てるチームは創れません。大前提は，「3年生から1年生までがひとつの同じチームの仲間である」ということです。学年別々の練習をしていては，チームの夢は引き継がれていきません。「ランニングをするときも，背の高い生徒が，学年を関係なく前を走る」ことや，「1年生であろうが，うまい生徒が試合にでる」ことが，チームの当たり前の考えになっていかなければならないのです。

ここで大事なのが「一人一役」という考えです。人数が多ければ，みんなが試合にでることは不可能です。しかし，「自分の存在が，チーム

に影響を与えているんだ」という自己存在感と，「チームにとって，自分の力が必要なんだ」という自己有用感を感じさせることは可能です。

自己存在感と自己有用感を一人ひとりにもたせられれば，「夢」がチーム全体のものになるはずです。そう考えると，人数が多ければ多いときほど，強いチーム創りができることになります。

たとえば，高橋中学校では「審判長の笛」が代々受け継がれていました。この笛は，3年生が引退するときに，後輩に先輩たちの意志とともに手渡されるのです。審判長として，先輩から任命され，この笛を受け取った生徒は，感激のあまり涙を流します。そして，それから，1年間，彼女は，暑い日も寒い日も，練習試合では審判台に立ち「審判長の笛」を吹き続けるのです。

この伝統は，嬉野中学校の中西孝之先生が，うちの生徒の審判ぶりを絶賛してくださったことをきっかけに始まりました。「審判のうまいチームは，必ず強くなる」という言葉が，生徒たちの心に突き刺さったのです。

もう一つ例をあげます。「ピンチサーバー」という役割を与えられている生徒がいます。バレーボールは，最後の1点を取ることが難しいスポーツです。だから，その最後の1点を取ることだけを役割として，練習に励んでいる生徒がいるのです。

全国大会出場を決めた，過去4回の東海大会での最後の1点は，すべてこの「ピンチサーバー」という役割の生徒が，勝ち取ってくれた1点です。麻美，梨乃，菜々美，そして，茜の4人です。

一人一役，自分に任された役割を精一杯果たそうと努力し，向上させることがチーム全体のレベルを引き上げるのです。

逆に言えば，サーブを任された生徒のサーブの意識が上がらなければ，チーム全体のサーブに対する意識は上がりません。また，その生徒のサーブの技術が，向上していけばいくほど，チーム全体のサーブ力も向

上していくのです。

15 父親しかチームみんなを愛せない
―母親は，自分の子がすべてである―

　私は試合が始まるとき，ベンチでまず必ず見るものがあります。それは，応援席です。そこに，誰の生徒の父親が応援に来ているかということを確かめるのです。私は，その父親の数を，それまでの自分の指導の在り方を見直すための指標にしています。中には，父親のいない生徒もいますが，いつまでたっても母親しか来ていない状況を見たとき，大きな不安を抱えます。

　なぜなら，父親が顔をださないのには，二つの理由が存在するからです。一つは「父親が教師の指導を理解していないということ」，そして，もう一つは「子どもが父親を理解していないこと」です。

　特に，思春期を迎えた女子の場合，父親との関係は微妙なものになってきます。その関係が，良いものになったとき，初めて父親が試合を見に来ることを認めると思うのです。

　女性が強くなったとはいえ，やはり家庭では，父親の影響力は大きいものです。煩わしいようなそぶりを見せていても，生徒たちは，父親の一言に敏感に反応しているものなのです。

　その父親が，自分の熱中していることに，声援を贈ってくれたなら，どれだけの力を与えられたことになるでしょうか。それは，話すまでもなく明らかなことです。

　美里中学校バレー部には，「おやじーズ」が結成されています。近年

では、ほとんどの父親が、毎週土日は、必ず体育館へ足を運んでくださいます。トヨタ自動車に勤務している方が多いので、土日は暇（？）なのかも知れませんが……、きっと「おやじーズ」で顔を合わせ、男同士のいろいろな話をすることが、楽しみになっているのだと思います。

　ありがたいのは、定期的に、学校内の草刈りや、樹木の剪定も行ってくださることです。また、トヨタ自動車の技術者として、備品の修理などもお手の物です。「おやじーズ」にまで「感謝の先取り」が意識されているのです。

　父親を味方につけるために、私が意識して行っていることがあります。それは、体育館へ初めて来ていただいたチャンスをものにすることです。見にきた父親の子どもに対して、あえて厳しい指導をするのです。へとへとになり、倒れるほどしぼるのです。その姿を初めて目の当たりにして、目を背ける父親や、耐えかねて帰っていかれる方もいます。しかし、不思議なことに、次の休日には、また体育館へ来られるのです。一度、我が子の真剣な姿を目にすると、虜になってしまうのです。それが、娘ならなおさらです。

　以前、バレー部の保護者の中に、目の見えないお母さんがいました。いつも、盲導犬を連れて、体育館へ試合を見に来られていました。私は、「琴乃さんは、上手になってますよ。おかげで、チームもだいぶ力をつけています」と話しかけました。すると「先生、見えなくても、声や雰囲気で子どもたちの上達ぶりはよく分かりますよ」と言われるのです。

　私が驚いていると、それにも気づいたように「先生が褒めてくださるってことは、かなり娘もうまくなったんですね。次からは、父親を連れて来ますね。そして、細かく解説してもらいますよ」と続けました。

　それからというもの、母親の横には、盲導犬の代わりに、父親が寄り添っている姿を見るのが恒例になりました。

　父親たちと教師が仲間意識を育み、気の置けない仲間になることが大

切です。学校内で起こった保護者とのトラブルなどの解決のための助けをしていただけることもあります。さらには，世界の狭い教師にとっては，多くの社会勉強をさせていただく機会にもなっています。特に，世界のトヨタには，「カンバン」や「カイゼン」だけではなく，まだまだ学ぶべきことが多く隠されています。

　父親はみな男です。根本的に男は，子どもとはいえ女が好きです。自分の娘はもちろんですが，純粋にひとつのことに打ち込んでいる姿を見せられたら，もうイチコロです。チームみんなを愛してしまうのです。

　また，公平で冷静に集団を見ることもできます。娘がレギュラーから外されようが，他の娘が活躍して，チームが勝てば手放しで喜べるのです。さらに，落ち込んでいる娘がいれば，そっと声を掛け，励ましてくれるのです。

　しかし，母親は，我が子がすべてです。腹を痛めて，命をかけてこの世に生みだしたことを思えば当然だと思います。だから，父親をチームに巻き込むことが大切なのです。ただ，その母親さえ，応援に来ないとなると勝つチームを創るには，まだまだ時間がかかりそうです。

　今の教育現場を見渡したとき，保護者の理解と協力がない中では，教育効果は期待できないのです。

16　365日，日々是決戦
—自立の第一歩は，朝自分で起きること—

　小学校の頃は，子どもたちは親の顔色をうかがいながら練習をしています。それが，中学校になると，先生の顔色をうかがうようになってきます。そして，いつしか顔色をうかがうことがなくなれば，それが生徒たちの自立を表すのです。私は生徒の自立なくして，チームの勝利はあり得ないと思っています。

第2章　勝つチームを創る

　我々中学校教師の最大の使命は，生徒たちを親からも教師からも自立させてやることです。

①　自立すること

　中学という時期は，どんなことにも耐えられる時期だと思います。また，どれだけでも成長できる時期でもあります。どんなに厳しい練習をしても，1日眠れば，次の朝にはもうけろっとして，元気一杯で体育館へ駆け込んできます。

　身長だけ考えても，3年間で10センチ以上伸びる生徒もざらにいます。一生の中で，こんなに変化できる時期を無駄に過ごさせては，もったいないと思います。

　いいかげんにゴロゴロ過ごしても，中学校時代は過ぎていってしまいますし，へとへとになりながら，毎晩泥のように眠るほど努力しても，同じだけの時間が流れていきます。そして，3年後の巣立ちのとき，やりきった生徒たちの顔は，新たな夢と希望に向かって，輝き始めるのです。その顔を見るために我々教師は3年間，生徒たちに真剣に立ち向かっているのです。

　1年365日，3年間で1095日，1日も無駄な日はないのです。毎日が，自分との戦いなのです。その戦いに勝った者だけが，親からも教師からも本当の自立を手にすることができるのです。

　私は，自立に必要な一つ目の条件は，「1日も休まない」ことだと考えます。そのためには，生徒たちに「戦いを挑める場」を見つけてやらなければなりません。それを私は，部活動に見いだすのです。また，部活動ならそれが可能なのです。

　新入生が入部したとき，必ず親にお願いすることがあります。それは，一つだけです。

　「朝は，自分で起きさせてください。決して，起こす必要はありませ

ん」ということです。

　私は，朝自分の力で起きることが，自立への第一歩だと考えています。朝練習に遅刻しても，自分のせいです。人のせいにすることはできません。

　いくつになっても，朝は誰もがつらいものです。ですから，朝練習の参加状況によって，チームの強さのレベルが見えてきます。私のチームでも勝てるようになるまでは，遅刻する生徒が何人かいました。さぼる生徒もいました。しかし，強いチームになるに従って，そういう生徒は一人もいなくなりました。今では，遅刻するどころか，朝の集合時間がどんどん早くなり，「私より，早く登校してはいけない」という指導が必要なほどです。

　登校して最初にやることが，シール貼りです。体育館には，新チームがスタートしたその日から，1年間のカレンダーが用意されます。そこには，夏の総体までの予定と，部員の名前が書かれています。そのカレンダーの自分の場所へ，1日1個，自分でシールを貼るのです。1個1個のシールを貼ることが積もって，365日すべての日が，シールで埋まるのです。

　当然，テスト週間などは，空欄になります。あるいは，あえて部活を休止にする日もあります。個人にしてみれば，耐えきれずに逃げだす日もあります。

　しかし，その空欄には，大きな意味が浮かび上がってくるのです。なぜなら，生徒たちにとって，その空欄の日の理由が，何年後になっても思いだせるほど，意味のあるものになっているからです。

　生徒たちが，日々をどんな思いで過ごしていたのかということが，次の詩にはよく表れています。美里中学校のバレー部3期生の澤山麻衣子さんの詩です。

第2章　勝つチームを創る

帰り道の太陽

帰り道
太陽が西の空で大きく赤く私をみてる。

今日も1日頑張った
疲れた体と疲れた心
汗と一緒に流したら

時々休めばいいじゃない
お父さんも言う
そして，もう一人の私も言う
だけど，私は休まない

時計のねじが止まるように
私もプツリととまりそうで

だから，明日も休まない
夜明けとともに顔を出す
太陽と一緒に…

太陽は何も言わない
ただ，ただ，黙って
私を見てる

私も黙って
太陽をじっと見た
そして，ため息をついた
太陽は白い大きな雲に隠れて
一瞬私の前から姿を消した
ため息なんか，聞きたくない
と言わんばかりに

そして，家路を急ぐ私の耳に
再び，姿を現した太陽が
そっとささやいた
「ぼくも，そうだよ」
はずかしそうにささやいた

　生徒の自立した姿は，こんな様子からも垣間見られます。
　喘息もちのあゆみという生徒が，吸引器をポケットに入れ，練習を続けるのです。発作がでそうになると，コートの中で，練習を止めないように吸引をするのです。さらに，風邪気味で，体調が優れないときでも，看護師の母親を連れて来て，「先生，大丈夫です。何かあれば母親が対応してくれますので練習をさせてください」と，どんな状態でも，みんなと同じ練習をするのです。
　また，場面緘黙症の智美という生徒がいました。彼女は，学校では一切誰ともしゃべりません。母親は「家ではよくしゃべるのですが」というのですが。彼女もまた，練習は1日も休みません。そして，一言もしゃべらずに黙々と一生懸命に練習をするのです。
　レシーバーとなった彼女は，めきめきと力をつけ，彼女なしではもうチームは考えられないほどになりました。ある試合のときです。彼女と

もう1人の生徒の間に，ボールが飛んできました。2人でボールを取りにいったその瞬間，彼女の肘が，その生徒の目に当たってしまったのです。その目は，見る見る腫れ上がりました。
　心配する彼女に，その生徒は「ごめん。私がもっと声をだせばよかったね」と優しく言ったのでした。それを聞いた彼女の瞳から，涙がこぼれるのが見えました。
　それから，一言もしゃべれなかった彼女が，少しずつ声をだして練習をするようになってきたのです。そして，言うまでもありません，夏の大会では，レシーバーとして，大きな声で仲間に指示がだせるまでに成長したのです。
　私は，このことも生徒が自立した姿だと考えています。

②　女の命を絶つ

　一つのことを成し遂げるためには，自分にとって一番好きなことや大切な物を絶つことが必要です。私は，大事な試合の前には，大好きなギャンブルを絶つことにしています。これは，運を使わないという理由もありますが。運を使って，10万円勝つよりも，生徒たちが試合で勝つために，運を使いたいからです。
　それはさておき，自立への二つ目の条件は，自分の一番大事なものを絶つことです。女性にとって一番大事なものは何でしょうか。
　それは，女の命「髪」です。思春期の女子の場合，色気もでてきます。それと並行して，特に「髪」には，異常なほどのこだわりをもつようになります。髪を切ることは，色気を絶つことにもつながります。
　毎朝，シャンプーをして，ドライヤーを何10分もかけて，「今日はどんなヘアースタイルにしようかな」などと，洗面台の前で無駄な時間を使うのです。学校では，放課ごとに，トイレへいき鏡と睨めっこをしています。そして，それは，練習中でも起こります。ワンプレーごとに髪

の毛を触り，整えていては，練習に身が入るわけがありません。

　しかし，髪の毛を１センチ切らせることだけでも，とても難しいことです。だからこそ，やりがいのある指導になるのです。大事なのは，「生徒が自分の意思で髪の毛を切る」ということです。強引に切らせようとすれば，反発が返ってくるのは当たり前です。

　一つひとつ勝つチーム創りをしていきながら，生徒たちの心を育てるのです。決してあせってはいけません。常にチームの意識を育て，年々，少しずつ生徒の心を耕していくことです。

　美里中学校の近隣の美容院では，「バレー部カット」というヘアースタイルがあります。新入部員が，その美容院へカットをしにいくと，マスターが「まだまだ長すぎる」と，思いきれない生徒に，どんどん鋏を入れていくのです。

　遠征帰りなどで，サービスエリアでトイレにいくとき，女子便所へ入ろうとすると，いつも「男の子はあっち」と男子に間違われるほど短いのです。そして，今では，試合前になれば，一層短くなっています。さらに，試合に負けようものなら，野球部にも負けないほどの短さになっていることもあります。

　夏休みの宿題でバレー部１年生の服部真理子さんが，こんな詩を書いてきました。

新しいわたし

幼稚園に通っていたころ
わたしは
髪をしばってもらうのが大好きだった
うさぎの耳のように
左右に二つ揺れる髪
いつも　いつも
鏡をのぞいていたのを覚えている
きらきらが大好きで
いちごが大好きで
いろんな髪ゴムを買ってもらっては
大事にしていたのを覚えている
小学校にあがるころ
わたしの髪は少し短くなった

そして　中学に入学し
バレー部に入ると
髪は一段と短くなった
先輩たちは
運動のじゃまにならないように

とても短くしている
わたしも
同じ髪型にすることにした

でも
あそこまで短くしたことはない
いざ　いすに座ると
どっくん　どっくん
胸が高鳴る

そんなわたしの思いをよそに
シャキシャキシャキ
耳元にはさみの音がする
ばさっばさっばさっ
次々と髪が落ちてくる
あんなショートヘアーがわたしに似合うかな
どきどきして
顔があげられない
「はい　できましたよ」

美容師さんのその声に
おそるおそる鏡に視線を向けてみる
そこに映っていたのは
今まで見たことのないわたし

翌朝　うつむきかげんに登校すると
「さっぱりしたね」
「似合う　似合う」
そう声をかけてくれた先輩たち

大会が近づき
気合いが入った先輩たちは
ますます髪を短くし
指ではさむこともできないほど

わたしの髪もまた伸びてきた
そろそろ切りに行こうかな
今度は
しっかり鏡の自分を見つめながら
もっと短くしてこよう

③　バレーノートとバレーだより

　最近，もう一つ生徒たちの自立を妨げているものがあります。それは，携帯電話です。自立への三つ目の条件は，「一人だけの時間をつくること」です。家に帰り，自分の部屋で，今日1日を振り返る時間です。布団に入り，悔しかったことをこらえたり，夢を膨らませたり，ときには，締め付けられる胸の痛みに眠れない夜を過ごしたりして，人は大人になっていくのです。

　しかし，現在は，携帯電話によって，すぐにどんな場所でも，誰かと連絡が取れ，愚痴や不満を吐きだせるのです。そして，苦しみさえも和らげてもらうことが可能なのです。このように携帯電話の弊害は，熱中して物事に取り組むことを妨げるだけにとどまらないのです。

　私のバレー部の生徒は，携帯電話はもっていません。それは，先ほど

の理由によるところが大きいのですが，遠征等でたくさんのお金を使ってもらっている親御さんへの，せめてものお返しでもあります。本心を言えば，どこの親が自分の子に，お金をかけてまで，成長の妨げとなるものを与えるというのでしょうか。

　悔しさや苦しさがあれば，それは自分自身と語り合うことによって解決していかなければ，自立へはつながっていかないのです。そのために，バレーノートを書くことをお勧めします。

　多くの学校で，バレーノートを書かせています。ときどき読ませてもらうことがあります。そこには，A5判のノートにぎっしりと文字が書かれています。しかし，そのほとんどが，その日の練習内容や教えてもらったことで埋め尽くされています。確かに，アウトプットすることは大事です。しかし，バレーノートはそれだけでは不十分です。

　先ほどお話ししたように，夜一人の時間に，自分自身との対話のアウトプットをさせたいのです。

　今日1日で起きたいろいろな出来事を振り返り，「友だちの言ったこと」，「先生の話してくださったこと」，そして，「自分はどう思い，どう考え，明日からどう動くのか」ということを書き綴るのです。そうした自問の時間こそが，自立への道なのです。

　次の日の朝，「自分はどう思い，どう考え，明日からどう動くのか」が書かれたバレーノートを提出することが，練習への参加証になるのです。当然，忘れるようなことがあれば，練習には参加できません。いや，参加する資格がないのです。

　高橋中学校のときにはバレーだより「Team」を書いていました。そして，美里中学校では，バレーだより「Dreaming」を書いています。

　たよりを書くことを勧めてくださったのは，寺津中学校の高須金吾先生です。教えてもらってから，私は，高須先生に負けないようにずっと書き続けています。

それは，私自身が，生徒に指導したことや，語ったことなどをアウトプットすることなのです。ときには，語るよりも文章にした方が，生徒に伝わることもあります。そのたよりを読んで，生徒たちは，さらに教師の思いの深さに，たどりつくことができるのです。バレーノートとバレーだよりは，表裏一体の関係にあるのです。どちらか一方だけでは，効果は半減してしまいます。

　ひとみという生徒は，1年間で100号にも及ぶバレーだよりをすべて覚えていました。彼女が3年生になって，私の聞いたことに対して「先生，そのことは，昨年の Team 第〇号に書かれていましたね」と答えられるほど，たよりを熟読していたのです。当然，彼女のバレーノートは，自立のために成長している姿が，ひしひしと伝わってくるものでした。

　さらに，親までが，「今日は，たよりはないのか」と楽しみに待つまでになれば，たよりが，親子の会話の潤滑油にもなるのです。

④　伝統の力

　「1日も休まない」ことも「髪の毛を短く切る」ことも，そして，バレーノートに「自分の思いを綴る」ことも，一朝一夕にできるようになるものではありません。ただひたすら，自分の信念を貫く姿勢が大事です。「負けたら終わりじゃなくて，やめたら終わりなんだよね」というSEAMO の Continue という歌が，いつも私の頭の中には流れています。

　美里中学校のバレー部1期生の生徒が引退するとき，後輩たちに「燃えろ炎のごとく」という手作りの横断幕を残してくれました。キャプテンの麻里子さんが，「夢の全国大会の舞台にこの横断幕を張ってください」と後輩たちに，夢をつないでくれたのです。それから，6年後，この横断幕が，とうとう徳島全中の舞台に飾られたのでした。

　それは，生徒たちが，一歩一歩歯をくいしばって，後輩たちへ伝統を受け継いだ成果です。決してその代の生徒だけの力ではないのです。

第2章 勝つチームを創る

17 「勝つ」のは夏の総体である
―何のための練習か―

　「勝つ」チームの「勝つ」が，いつ勝つことを言っているのかといえば，それは，夏の中学生総合体育大会です。「夢」そして「長期目標」は，この夏の総体を目指しているのです。

　10月の市内の新人戦で，決勝戦で負けて準優勝だったことがありました。そのときのチームの力を冷静に判断すれば，妥当な結果だったと思います。しかし，私は，閉会式が終わって準優勝の賞状をもって集合してきた生徒たちに「そんな賞状はいらない」と突っぱねました。

　その後，私がとってしまった行動は，今考えれば，教師として不適格な行動だったと「ゾッ」としますが，当時はまだ若かったのです。しつこく食い下がる生徒から，賞状を奪い取り，投げ捨ててしまったのです。すぐに拾って，もち帰ろうと思った瞬間，秋の風が，破れた賞状をもち去ってしまいました。「しまった」と思ったとき，キャプテンが，急いで拾いにいったのですが，一歩遅く，他の学校の保護者に拾われてしまいました。

　当然ですが，その破れた賞状を拾った保護者の目は，私に対して，厳しいものでした。しかし，当時の若い私は，言い訳をすることなく，「もう，お前たちのことは知らん」と言い残し，そそくさと車に乗り込み，自宅へ帰ってしまいました。

　夕飯を食べ終え，8時を回ったあたりです。玄関のベルがなり，外へでてみると，驚く光景が目に飛び込んできました。バレー部の部員全員が，ユニフォーム姿で，暗闇の中，立っていたのです。「先生，指導をお願いします」「夢をかなえたいんです」と涙ながらに訴える部員たちがそこにいたのです。

試合が終わった時刻を考えると，私が走り去った後をすぐに追って，10キロの道を走ってきたのです。ブルマにユニフォーム，膝にはサポーターまでつけたまま，初めての道のりを訪ねながら，ようやくたどり着いたのです。胸が熱くなりました。私は「よし，また，明日からスタートだ」と彼女たちに言うのが精一杯でした。
　その後，私のワゴン車に生徒たちを詰め込み，一人ひとり家まで送り届けました。事情を説明すると，どの保護者も「そうですか。走って先生の家までいきましたか。成長したもんですね。先生のおかげです。ありがとうございました」と口をそろえたように言ってくださいました。そして，全員を送り届けた後に，改めて父母会の会長さんに電話を入れ，生徒たちの後をこっそり車でついて来てくれていたことと，他の保護者への連絡のお礼は，きっちりとしておきました。
　さらにまだ，この話には続きがあるのです。次の日，朝練習へいくと，体育館の壁に，額に入れられた賞状が飾ってありました。見入っている私のもとへ，生徒たちが集まって来ました。そして，「私たちは，この賞状をずっと見続けながら，夏の大会を目指します」と力強く宣言したのです。まさに臥薪嘗胆の教えです。
　朝練習を終え，職員室へ入った瞬間です。梅村光利校長先生に「塚本先生，校長室へ」と険しい顔で呼ばれました。私は覚悟を決め校長室へ入っていきました。「塚本先生，昨日の新人戦の賞状はありますか」と聞かれました。私が「はい。あります」と答えると，不思議そうな顔をして「では，見せてくれますか」と言われました。私は，体育館へ走り，キャプテンが掲示した額をもって戻って来ました。
　それを見た校長先生は「問題ありませんね。匿名で，『賞状を破って捨てた教師がいる』と電話があったのですが」と穏やかに言われました。「すいません。実は，この賞状は私が投げ捨てたものです。キャプテンが拾って，分からないようにきれいに糊で貼りつけてあるのです」と頭

を下げる私に「教師としては，やってはいけないことです。しかし，生徒たちは，すばらしい行動をしていますね。きっと夏は勝てますよ。後は，私に任せておきなさい」と優しい言葉をかけてくださいました。

そのキャプテンの名前は，真穂さんと言います。後に彼女は，早稲田大学へ進み，今は大阪のABC放送局に就職しています。TV局へ就職が決まったとき，「先生のドキュメンタリーを作るからね」という手紙をよこしました。今でも首を長くして待っているのですが……。

どんなチームでも，「勝つ」と気が抜けてしまうものです。最大の敵は満足なのです。気が抜けた練習を立て直すことは大変なことです。また，気が抜けたときに怪我をするのです。怪我をすれば，何日も練習ができなくなってしまうのです。まさに踏んだり蹴ったりです。当然「勝って，さらにやる気になる」こともありますが。

しかし，私はあえて勝たそうとはしません。どんなに流れが悪かろうが，作戦タイムも取らないようにしています。流れがいい場合には，逆に流れを切るような指導もよくやります。大会は，練習試合とは違う緊張感があります。その中でさらに鍛えてやれる絶好の場所なのです。「勝つ」などという目先の欲にとらわれて，「夢」や「長期目標」を見失ったら，それこそ教師として生徒たちに申し訳ないと思うのです。

夏の総体であっても，過去全国へ出場したときのことを思い返してみると，1回目出場のときは，地区大会3位，2回目のときは，地区大会2位，東海大会連覇を果たした4回目のときでさえ，県大会3位でした。しかし，「夢」はかなったのです。地区大会や県大会で優勝していたなら，東海大会では勝ち残れなかったかもしれません。夏の総体が始まってからでも，負けは次の上の大会での大きな力になるということの証明なのです。

18 野球型とサッカー型との違い
―個人の指導かチームの指導か―

　日本でスポーツの代名詞と言えば，やはり野球であると思います。近年では，サッカーも野球と肩を並べるほどになってきています。私の独断になるかも知れませんが，集団スポーツを野球型とサッカー型に分けて，勝てるチームをどう創っていくのかをお話しします。

　野球のイメージは，一言で言えば「硬派」，サッカーのイメージは「軟派」だと感じるのは私だけではないと思います。髪の毛ひとつとってもみても，野球少年は「坊主」，サッカー少年は「ロン毛で茶髪」の傾向が強いようです。中学校の現場でも，問題行動が起きると「また，サッカー部か」とか「やっぱり，FC〇〇か」などという声が聞かれることが，たびたびあります。野球部の生徒も当然問題を起こしますが，どういうわけか，サッカー少年にはそんなイメージが付きまとっています。といっても，私はサッカーが嫌いな訳でもありませんし，批判しているのでもありません。ときには，豊田スタジアムでのグランパスの試合を応援にいくことだってあります。

　では，なぜ，そうなってしまうのでしょうか。私は，野球型とサッカー型を次のような考えで分けて，それぞれのスポーツの特性に合った指導方法を追求していくべきだと考えています。

① 野球型

　ソフトボールやバレーボールは野球型です。攻撃側と守備側が分かれるという特性をもっています。これは，誰にでも簡単に分かることです。ポイントは，野球型は，「個人に責任の所在がはっきりとしている」ということです。だから，常に「チームのための自分」という意識をもっ

て練習に励むことができるのです。

　野球を例にしてお話しします。全員に必ず，自分の打席が回ってきます。そのときに，ヒットを打てるか，打てないかによって，勝敗が決まってきます。特に，チャンスに打てなかったとき「俺のせいで負けた」と強く反省できるのです。それは，守備にしても同じです。成功したことよりも，失敗したときの方が，次への大きな一歩を踏みだす力になることは明らかです。また，最終回に逆転ホームランを打った仲間がいたなら，「お前のおかげで勝てた」と誰もが認めるでしょう。

　というように，野球型は，「チームのための自分」を意識しやすいスポーツだと思います。だから，逆にチームの雰囲気や技術のレベルに個人が大きく影響されてしまうというところに問題点があります。さらに，チームの仲間に頼り，個人の主体的な動きが鈍くなることも心配されます。まさに日本人の生き方そのもののような気がします。

　そう考えたとき，野球型のスポーツでは，先にお話しした「個人評価」を徹底させる指導，そして，何よりもチームの向上心を高め，チーム全体の技術を向上させる指導が必要だと考えるのです。

②　サッカー型

　一方，サッカー型は，バスケットボール，ハンドボールなどが挙げられます。攻撃側と守備側が分かれず，常に入りまじった状態でプレーが行われるという特性をもっています。ポイントは，「責任の所在がはっきりしない」ということです。だから，「チームのための自分」というよりも，「個人の集まりがチーム」だという考えが正しいと思います。

　サッカーを例にしてお話しします。サッカーは，極端なことを言えば，一度もボールを触らなくてもゲームは進行していってしまいます。下手な仲間には，パスを回さなくても勝てるのです。いてもいなくても関係のない生徒がでてくることだってあるのです。また，失敗体験も「お前

のパスが悪かったから，シュートを外したんだ」とか，逆に「何であんないいパスをだしたのに，外すんだよ」と，人のせいにしてしまいがちです。

　中学生を見ていても，自分の技術の向上だけを考えて練習している姿を，見かけることがあります。どちらかと言えば，「自分のためのチーム」という考えが強いように思われてなりません。

　そう考えたとき，サッカー型のスポーツは，どのように指導していったらいいのでしょうか。私は，責任の所在を明らかにできる練習メニューの開発が必要だと思います。さらに，一番必要なのは，常に「チームを意識させる」指導を継続していくことだと考えます。

　近年，グランパスエイトの大躍進が続いています。ストイコビッチ監督が就任してからです。大躍進の理由の一つに，監督と選手が同じ釜の飯を食べることにあるようです。私も，グランパスの練習グラウンドのあるトヨタスポーツセンターへいくことがあります。昼食をそこのレストランで食べていると，よくグランパスの選手と一緒になることがあります。そこには，監督も選手もみんなが同じバイキング料理を楽しそうに食べている姿があるのです。また，飲み会なども多くあり，生ビールの樽を二つも三つも監督が差し入れをするそうです。

　そして，監督が常に気にかけていることは，「控えの選手の精神状況」だそうです。「チームを意識する」指導が，そのあたりからも見受けられます。

　教師の仕事は，Ｊリーガーの育成ではありません。一番大切なのはサッカーの指導を通して，健全な生徒を育成するという大きな使命があるのです。

　最後に，野球部やサッカー部に入部する生徒たちは，特にエネルギーが有り余っています。そのエネルギーをどの方向へ導いてやるかによって，学校の進む道は決まってくると考えます。

第 2 章　勝つチームを創る

19 小中高の連携のありがたさ
―身近な憧れが，大きな原動力へ―

① スポーツ少年団との連携

　球技は，経験のスポーツです。とりわけ中学校の時期では，それが顕著にでます。ボール感覚は，早ければ早いほど身につくと言われています。これからは，中学校だけで部活動を考えるのではなく，小学校との連携がとても大切だと思います。また，勝つチーム創りのために，この連携が一番有効だということは誰もが知っています。スポーツ少年団の活動が盛んな地域は，その少年団と中学生との交流を深めることです。せっかく少年団で経験を積んで来ても，中学校では，その部活動に入部しない生徒が多くいます。とてももったいないことだと思います。それには，スポーツを嫌いにさせてしまったり，燃え尽きさせてしまう，少年団の指導にも原因はあると思います。しかし，中学校の教師が，交流を深める手だてを考えないところにも大きな問題があると思うのです。

　本校の地区でも，多くの少年サッカーチームがあります。それらの少年サッカーチームで経験を積んだ生徒が，中学校ではサッカー部へ入らずに，他のクラブチームへ分散してしまっています。サッカー部の今泉邦洋先生は，高校でインターハイ出場経験もある熱血教師です。中学校3年間でさらに多くのことが学べるチャンスがあるのにもかかわらず，生徒が入部しない

87

のは本当にもったいないことです。

　また,「少年団がない」ならば,私のように,地区にビラを配り,小学生を集め,自分で少年団を組織すればいいのです。私の場合,少年団を結成し,5年生からバレーボールを始めた生徒たちが,その5年後に全国大会へ出場したのです。

②　高校との連携

　「インターハイへ出場している高校だ」と聞いただけで,中学生は憧れをもちます。そして,その高校に,自分たちの中学校の先輩がいようものなら,憧れが急に希望に変わるのです。中学生にとって,高校生の存在はとても大きなものなのです。

　私が,勝てるチームを創り始めたのは,学区にある豊田北高校で水越嗣雄先生が,合同練習をよくやってくださるようになってからです。高校生の部活動に真剣に打ち込む姿は,中学生では到底かなわないものです。それを実感するだけでも,高校生との交流は大きな意味があると思います。ましてや,一緒に練習をしてもらえる機会があるなら,そんなにプラスになることはありません。さらに,ゲームをやり,1セットでも高校生から勝利を上げようものなら,俄然生徒たちは,やる気に燃えます。

　また,高校には,椙山女学園の鹿島恵美子先生のように,元全日本選手の肩書をもった教師もいます。練習メニューも考え方も,普通の経験しかもち合わせていない我々とは,全然違います。また,鹿島先生の周りには,今の日本を背負って立っている選手や監督たちがいます。そんなトップアスリートたちとも交流がもてるのだから,生徒たちにとっては,魅力的なはずです。

　高校へ入学すると,部活動をしなくなってしまう生徒がいます。また,中学校でやっていた種目とは違う部活動へ入る生徒もいます。私は,と

第2章　勝つチームを創る

てももったいないことだと思います。中学校の部活動は，高校で活躍するための，心と技の基礎を創るものだと考えています。だから，私の教え子たちは，ほぼ全員高校でもバレーボールを続けてくれています。もしも高校へいってから続けない生徒がでてきた場合には，自分の指導方法の間違いを正す必要があると思っています。

　私も，後輩たちも，高校での先輩たちの活躍のニュースを聞くと小躍りしたくなる気分になります。春の高校バレーの決勝戦がテレビで放映されれば，深夜であろうが噛り付いて先輩に声援を送るのです。

　中学生にとっては，身近な憧れが，はっきりとした自分の道しるべとなっています。

　さらに，市内に中京大学の体育学部があります。そこの教授である高梨泰彦先生が，小中のバレーボールの指導に力を貸してくださっています。そして，美里中学校へも大学生のコーチを派遣してくださっています。だから，中学生のうちから，大学までを視野にいれて，自分の将来が展望できるきっかけにもなっているのです。

　逆に，教職の道を志している大学生にとっては，現場の部活動指導が実習できる訳ですから，一石二鳥なわけです。

20 年間を通して，通う
―指導者を見る目を養う―

　どうしても教師は，強いチームとばかり練習試合をしたがります。県大会へ出場しただとか，全国大会へ出場しただとか，そういう実績に惹かれてしまいがちです。しかし，強いチームには，2種類あるのです。一つは，小学校の貯金があったり，たまたま能力の高い生徒が集まったから強いというチーム。そして，もう一つは，毎年夏になってから強くなるというチームです。

89

最初にあげたチームは，教師ではなく，生徒に力があるのです。一方，後にあげたチームは，生徒でなく，教師に力があるのです。我々は，教師に力があるチームを見る目を育てなければなりません。生徒に力があるチームといくら練習試合をやっても，得るものは何一つないのです。

　私は，若い頃，名古屋の則武薫先生（現守山西中学校校長）が指導されていた山田中学校へ，年間を通して通わせていただきました。則武先生のチームは，新チームができた頃は，どこにも勝てないほど弱いのですが，毎年，夏には県大会へ勝ち上がっていました。その秘密が知りたくて，通っていたのです。

　あるとき則武先生が「中学の女子の場合，能力はそう関係ないぞ。自分の信念を押し通す指導ができれば，毎年勝てるチームになる」と諭してくださいました。則武先生は，どんな教師にも公平で，教頭，校長になってからも，生徒と向かい合う姿勢を示し続けてくださっています。

　我々教師は，よく生徒たちに「あれもこれもやろうと思わず，一つの参考書をとことん勉強しなさい」と言います。反面教師ではいけません。「この教師だ」と思ったら，１年間通い続けることが，勝つチームを創る近道になるのです。

21 大会を運営・企画・実行する
―生徒のために世界を広げる―

　前にもお話しした通り，初めの頃は，なかなか練習試合をしてくれる相手が見つかりませんでした。電話をかけても，「予定が入っています」とか「また，後から連絡します」とか言っては，はぐらかされてしまったのです。特に強いチームなどは，言うまでもありませんでした。

　「何とか，強いチームと試合をさせてやりたい」と思ったとき，思いついたのが「自分で大会を作って，そこへ招待すればいいのではない

か」という発想でした。思い立ったが吉日です。さっそく1カ月後に大会を企画し，案内をだしました。すると，練習試合では断られた中学校も参加を表明してくれたのです。

記念すべき第1回大会は，4校の招待チームを含め8校だけの小さな大会でした。賞状やトロフィー，そして，先生方の昼食など，全部自費で負担しました。少しでもいい思いをして帰ってほしいという願いだけをもって，できる限りのもてなしをしました。

うれしかったのは，生徒たちの顔の輝きを見られたことです。ユニフォームを着て，普段は戦えない相手と試合ができる喜びに満ちあふれていました。毎年，大会の準備が大変なだけではなく，たくさんの費用もかかります。しかし，生徒の光り輝く顔があったからこそ，ここまで続けて来られたのだと思っています。

その大会は，今年で22回目を数え，「ひまわりネットワーク杯チャレンジ豊田バレーボール大会」（通称：TOYOTA V・B CUP）と命名されています。年々参加校も増えていき，今では，全国各地から100校を超えるチームが集う，全国1の規模を誇る大会になっています。また，豊田市バレーボール協会に主催していただけるようになり，ケーブルテレビのひまわりネットワークでも45分番組を制作し，放映していただけるまでに発展して来ました。

このことは，いち中学校だけではなく，市内はもちろん，参加してくださるすべてのチームの生徒の喜びになっていると自負しています。

その他にも，豊田市では，JAあいち豊田が協賛している「１年生大会」（通称：New　Wings　Cup）や，「Bチーム大会」（通称：たんぽぽ杯）なども企画し，現在に続いています。

　特に今年で20回を迎えた「Bチーム大会」は，全国にも類を見ない大会だと思います。今では，その趣旨に賛同していただいた豊田ライオンズクラブが協賛し，豊田市バレーボール協会が大会を開催してくださっています。

　この大会は，レギュラーでない生徒のためだけの大会です。通称「たんぽぽ杯」の名の通り，３年間タンポポのように，ひっそりと地道にチームのために縁の下の力もちとして，努力してきた生徒が活躍できることを願って作られました。数年前にご退職された浅沼秀二先生が，私と一緒に立ち上げてくださった，最も後世に残していきたい大会のひとつです。

　夏の総体の始まる６月の初めに，夢をかなえるための第一歩としての位置づけで行われています。レギュラーになれなかった生徒が，３年間の思いを胸に一番輝ける大会です。いつも試合にださせてもらっているレギュラーたちは，この大会のために，援助をする側に回るのです。大会ではレギュラーたちが，準備から，審判，そして，ボールだしからお茶だしまで，Bチームが力を発揮できるようサポート役に徹するのです。

　このことが，夏の総体へ向けて，さらにチームの団結を深めるきっかけになっているのです。

　この大会のことを美里中学校バレー部３期生の伊地知祐加さんは，英語スピーチコンテストで「The　Seventh　Player」と題して発表しました。そして，見事県大会で優秀賞を受賞しました。

　The day had come. It was June second. We joined in the Tanpopo Cup Volleyball Tournament on that day. I have played volleyball for 2 years and I really love the sport very much. But this was my first game! Why? Because I belong to Misato's second team. The Tanpopo Cup was a volleyball tournament for the second teams in Toyota city.

At first I was very nervous. Luckily, we won the games against Wakazono and Isato. Before the last game, we became more unease. "Mr. Tsukamoto, give us advice, not practice!" I shouted many times in my head. But he went on the practice for a long time. "Yuka, you can do it! Come on! Let's go!" Slowly, my anxiety disappeared and we were able to consentrate on the game itself.

After the Tanpopo Tournament, the season was over us, the second team. But our first team continued and played very well at the Toyota City Tournament. During the final game, I cheered for my teammates with loud voice. (Actual sheering) "Pi- Game over! Wow! We won the championship!" Everyone was so excited and shared the happiness of the victory. Even though I am not a member of the first team, I still find it important to my teammates. I am not a bench warmer, but the Seventh Player on my team.

Like volleyball, my life in the future will be full of difficulties. But, I was given a strong and brave heart through volleyball, my teacher and my teammates. Being the seventh player on the team, I am really proud of who I am. Now my volleyball career at Misato has finished, but to me, my dream has just begun.

　これら中学生の大会の維持・発展のために，前豊田市バレーボール協会会長の中村絃和氏に，大変ご尽力していただき心より感謝しております。そして，これらの多くの人たちの思いのこもった大会を引き継いでいくために，竜神中学校の渡邊大輔先生が，私の後継者として日々精進してくれています。

22 塚本バレーボールファミリー
――生涯の家族づきあい――

　年々教育界への風当たりが強くなってきています。いつしか，学校教育も，サービスだと考える保護者が多くなってきているのです。サービスには，「我慢」だとか「厳しさ」という言葉はありません。「我慢」だとか「厳しさ」を生徒に課せば，それは，クレームの嵐となって返って

くるのです。このままで，日本の将来は大丈夫なのでしょうか。日本の将来を担う生徒たちに，「我慢」と「厳しさ」を省いた指導をしていても，自立した健全な生徒の育成はできません。フリーターやニートの問題を考えたとき，理由は明らかです。

　今の学校現場で，「我慢」と「厳しさ」を教えられるのは，部活動指導にしか残されていないといっても過言ではありません。部活動指導を通して，いかに自立した健全な生徒を育成するかという観点に立って，学校教育を考え直すときに来ているような気がします。

　部活動の一番の利点は，「保護者との連携の作りやすさ」にあると思います。これからの学校教育は，保護者・地域との連携なしでは生徒にとって効果的な教育活動を行っていくのは無理です。

　今，私には，1,000名を超える「バレーボールファミリー」がいます。一番年上の生徒は，もう35歳を超えています。彼女たちの親は，もうそろそろ定年を迎える頃です。孫が何人かいる方もあります。よく応援に来てくださったおじいちゃん，おばあちゃんも，まだご健在だということを聞くと「ほっ」とします。

　教師となって23年の間に，我がバレーボールファミリーも，随分と輪が広がったものです。私の背を見て，同じ教職の道に就いてくれた教え子も何人かいます。

その中に，今，美里中学校で，一緒に働いている黒柳菜緒先生がいます。彼女は，高橋中学校バレー部9期生の生徒です。彼女は常に前向きで，リーダー性にも優れ，最高のキャプテンの一人でした。3年生のときには，愛知県選抜チームにも選出され，大阪で行われた全国都道府県対抗バレーボール大会でも大活躍しました。

　彼女は，高校進学を決定するとき，私学へいくか公立へいくかで，とても悩んでいました。当時，インターハイ出場の常連校であった岡崎学園高校からスポーツ特待の声もかかっていました。選抜チームの仲間は，ほとんどが，岡崎学園高校への進学を決めていました。彼女は迷った挙句，私に「岡崎学園高校へいきます」と言いに来ました。

　私は，「あなたなら，自分で決めた場所ならどこでもやっていけますよ」と言った後「本当は，あなたには地元の豊田北高校へいってほしかった。水越嗣雄先生のもとで，豊田市の中学生の憧れの選手として近くで活躍してほしかったのです。そして，文武両道，バレーボールだけではなく，勉強にも打ち込み，いつか教師になり，私の後継者になってほしいと思っていましたよ」と続けました。

　すると，次の日の朝，彼女は再び私のところへ来て「先生の言葉を聞いて，豊田北高校へ進学することに決めました。教師になれるよう，苦手な勉強もがんばります」とそれだけ言うと，笑顔を残して去っていったのを昨日のことのように思いだします。

　そして，月日が流れ，大学を卒業した彼女は，私の居る美里中学校へ講師として赴任して来たのです。そして，講師をしながら，勉強に打ち込み，2年前，見事教員採用試験の難関を突破し，晴れて正規教員となったのです。

　面白いエピソードがあります。彼女が講師として勤め始めた頃，職員室で私が立ち上がると，すぐに寄ってきて「何か用ですか」というのです。「同じ教師だから，そう気を遣わなくてもいいですよ」と話しても，

体に染みついた反応は，なかなか無くならないようでした。

後に彼女が話したのは「私がキャプテンになった頃，ある練習試合で，先生が私を呼ばれたのです。私は，前のセットで負けたこともあって，一生懸命練習をしていたので，ちっとも気づきませんでした。しばらくして，先生が近寄ってみえて，『お前は，ちっとも周りが見えてない。そんなことでキャプテンが務まるか。あのチームを見てみろ』と言われました。見ていると，そこには，監督が，遠くで立ち上がっただけで，練習をやめ，全力で駆け寄っていくキャプテンの姿があったのでした。そのチームのキャプテンを見て，私もあれくらい先生の一挙一足を意識していなければ，強くなれないんだと実感しました」という10年前の出来事でした。

彼女と，2人3脚でやってこられたからこそ，生徒たちの「夢」をかなえさせてやれたのだと思っています。私の指導を経験した生徒が，私の指導を，今，目の前にいる生徒に実体験をもとに伝えてくれているのです。これほど教育効果の高まることはないと思います。

とうとう「バレーボールファミリー」の伝統がここまでつながってきたのです。

生徒にとっても，親にとっても，一度きりの中学校生活です。生徒たちの，青春の入り口の人間の基礎を築く最も大事な3年間に，全力でかかわれたからこそ，そのあとの長い長い一生涯の付き合いを手に入れられたのだと思っています。

「一生涯の家族づきあい」それが，私の「バレーボールファミリー」なのです。

第3章
部活動指導は生徒指導だ

　帰りの会が終わって，体育館へいくと，そこには，問題生徒たちが数人，ボールを投げたり，蹴ったりして我が物顔で遊びまわっている光景がありました。部活の活動が始まっても，なかなか退こうとはせずに，奇声をあげて，走りまわっているのです。「じゃまだどけ」などと叱れば，ますますエキサイトして，活動の妨げになってしまいます。

　しかし，どういうわけか，バレー部の練習が体育館を使ってできる曜日には，彼らは体育館には姿を見せないのです。私は，不思議に思い，その中で一番の問題生徒に聞きました。「どうして，お前たちは，バレー部の邪魔をしないのだ」と。すると，彼は「あんなに死に物狂いに練習している奴らの邪魔なんかできないよ。それに，俺達が体育館へいったときには，もう先生が怖い顔して待ってるからな」と答えたのです。

1 学校の風土ができあがる
―バレー部の動きが,学校中を巻き込む―

　私は,毎週土日になると練習試合や試合のために,県内はもちろん,県外まででかけていきます。当然,生徒たちの試合を見るためにいくのです。しかし,ただそれだけではありません。もう一つの楽しみがあるのです。それは,試合の合間合間に学校中を散歩がてら,ぐるりと周りながら,いろいろな場所を見学することです。

　見学する順番は,まず,靴箱からです。次に体育館へ入って,壁際を通って,先生方が集まる舞台上へいきます。次に体育館のトイレに入ります。そして,体育館をでたら,教室の中をのぞきながら,校舎の周りを一周します。どこか入口が開いていればラッキーです。校舎内も1Fから3Fまで歩き,教室内を見学します。最後は,グラウンドで活動している他の部活動の様子を見ながら,学校の外周を1周したら終了です。

　たった,20分程度の散歩ですが,この散歩で,その学校の様子がとてもよく見えてきます。「たまたま,強いだけのチームなのか」,それとも,「学校全体に影響力を与える本当の強さをもったチーム」なのかということです。チームを教師に言い換えてみてください。

　「学校全体に影響力を与える本当の強さをもった教師」がいる学校には「部活動指導は生徒指導だ」という言葉が重みをもってくるのです。

　美里中学校へ本藤伸之校長先生が赴任してみえたとき,「学校の風土をつくることが大切だ」とお話しをされました。生徒指導の大家であられる本藤校長先生は,さらに「対症療法的な生徒指導からは,いつまでたっても学校の風土はつくれない。お前が,積極的な生徒指導への転換を図り,美里中の風土をつくれ」と難しい要求をされたのです。

　そこで「地域に愛され,地域に貢献できる美里中生」をスローガンに

掲げ，全校体制で「風土づくり」を行って来ました。私が取り組んだことは，大きく二つあります。一つが，地域との連携を図る部活動の在り方「美里クラブ」，そして，もう一つが「ゼロトレランスの考えを取り入れた生徒指導」（参考：加藤十八編著『ゼロトレランス─規範意識をどう育てるか─』学事出版社に本校の取組が紹介されています）です。

　ここでは，二つに分けずに，「部活動指導は生徒指導だ」という考えでお話しします。

　生徒たちが荒れるのは，エネルギーをもて余しているからです。中学校時代は，生涯のうちで一番エネルギッシュで，疲れを知らず，吸収力と成長力がある時期です。さらに，怖いものは何もなく，多方面に興味関心が異様に高い多感な時期です。

　そんな時期に，生徒たちを野放しにしていたら，やりたい放題に，あれもこれもやるに決まっています。だからこそ，そんなあふれんばかりのエネルギーをうまく効果的に使わせてやることを考えるべきです。

　その一番の方法は，教師すべてが認める部活動指導（指導するかしないかは別問題として）なのです。

　学校が終わるのは，だいたい16時です。この時間から，家に帰ってやることは何でしょうか。親は共稼ぎで，まだ帰宅していません。祖父や祖母も，核家族化のためにいません。一人で勉強などもそう長くはできるものではありません。暇をもて余すだけです。人は暇になると大概，悪いことを考えるようになってしまいがちです。暇な仲間が集まり，徒党を組んで街に繰りだしていくようになります。街で他校との交流が始まり，やることもだんだんとエスカレートしていきます。さらに，携帯

電話は誰もがもっている時代になってきていますから，交友範囲は大人が考える以上に「あっ」という間に広がってしまいます。

　一方，部活動があれば，夕方まで，目一杯に汗を流し，へとへとになりながら，家族の待つ温かい家に帰宅できるのです。家に着くとすぐに，腹いっぱい夕食を食べられるのです。そして，早く寝なければ，明日の朝が心配になります。効率よく勉強をこなし，そそくさと眠るという良い生活習慣の中で，中学校生活3年間が送られるのです。そして，夢を描き，その実現のために仲間とともに力を合わせることのすばらしさを体感するのです。

　今，学校現場では，生徒たちに家族との時間をもたせるという理由と，教師の激務の軽減のために部活動を制限しています。残念なことに，全員部活制から，希望制へ転換した中学校もあるのです。しかし，考えてみてください。現在，生徒が帰宅した時間に，家には誰もいない家庭の方が多いのです。また，教師も，本当に生徒のためになることには，時間を惜しまないはずです。にもかかわらず，生徒から好きな部活動を思いっきりやれる環境を奪っているのです。

　このように少し考えただけでも，部活動は生徒のエネルギーを効果的にプラスの方向へもっていくには十分な活動なのです。

　本校の場合は，あまり組織的に行われていなかった部活動を全校体制で組織することから，スタートしました。そして，私は，バレー部の活動が，他の部活動のモデルとなるよう配慮してきました。

　既にお話ししました「勝つチーム創り」を実践してきたのです。すると，ひとつずつ後に続く部がでてきました。あいさつが飛び交い，朝早くから，グラウンドや体育館には，熱気のある掛け声が響き渡ってくるのです。服装や身なりに気を配り，○○部の生徒として恥ずかしくないような行動をとるよう努力するのです。そして，「感謝の先取り」の輪が，各部に広がっていったのです。きれいな環境がますますモラルの高

第3章　部活動指導は生徒指導だ

い生徒を育て始めました。地域の方々も，生徒たちの変化に後押しを惜しみなく贈ってくださるようになってきました。

　そうして美里中学校の風土が少しずつできあがってくると，バレー部だけではなく，夢の全国出場を果たす部もでてくるのです。次に続いたのが，ソフトテニス部男子でした。監督の吉田裕哉先生は，新任から6年目で，夢の全国大会出場を果たしたのです。

　今，美里中学校では，野球部の今田良人先生と山本智史先生，ソフトボールの佐々木博先生と北川達郎先生，サッカー部の今泉邦洋先生と鈴木佳典先生，ソフトテニス部男子の富安洋介先生，同じく女子の荒木朋子先生，バスケットボール男子の田村光弘先生と善家一恵先生，同じく女子の副島昂先生と橋本知江先生，ハンドボール部の原知之先生と冨永東吾先生，卓球部男子の栗田克彦先生と山田達也先生，同じく女子の川又真先生と秋山賢治先生と船井恵先生，吹奏楽部の國枝和行先生と小池加奈子先生，そして，バレー部女子では，私の後継者となる黒柳菜緒先生と星辰憲先生が，夢の全国を目指しています。

② 荒れていた学校が立ち直る
―エネルギー発散の場，存在感，自己有用感の獲得―

　あるとき，女子の問題生徒が数人，体育館の窓の外から，バレー部の練習をのぞいていたことがありました。それを見つけた私は「中に入っておいで」と言って手招きをしました。すると彼女たちは，体育館の入り口に，履いていたキティちゃんのサンダルをそろえ，遠慮気味に入って来ました。「そこに座って見ていていいよ」と声をかけ，私はレシーブ練習を続けました。

　バレー部の生徒たちの「ボールに食い下がっていく姿勢」，「教師の罵声にも負けないほどの腹の底から響き渡る掛け声」，そして「夢を追い続ける真剣な眼差し」を行儀よく見続けていました。1時間ほどが過ぎたころ，私は汗を拭きながら彼女たちに近づいていき「どうだった。やってみるか」と言いました。すると「先生，感動して涙がでちゃった。私もバレー部へ入ればよかったな」と言ってクルッと背を向けて体育館をでていってしまいました。彼女たちは，息を切らし，倒れる寸前までなりふり構わずコートの中を走り回る同級生の姿に，今の荒んだ自分の生活を重ね合わせたのでした。

　生徒たちは誰でも，自分を燃やせる場所がほしいのです。教師は，生徒たちにエネルギー発散の場を与え，存在感や自己有用感を味わわせてやらなければならないのです。

　バレー部の生徒の中にも，いろいろな問題を抱えた生徒がいました。

　美里中学校2期生の生徒です。奈良県への招待試合にいったときのことです。初めての宿泊を伴っての遠征試合でした。全国各地から多くの中学校が参加をしていましたので，宿泊する部屋も，一部は，他中生と同室になりました。事件はそこで起こりました。本校の生徒2名が，そ

の部屋で喫煙をしたのです。しかも隠そうともせずに堂々と。そのことが分かったのは，大会を終え学校へ帰って来た後でした。

　その大会に一緒に参加した水野中学校の深谷時義先生から，連絡が入ったのです。深谷先生は，私を県選抜のコーチに推薦してくれたり，私をいろいろと鍛えてくださった尊敬する教師の一人です。先生は最初に「いいか。落ち着いて聞けよ」と念を押してから，先ほどの事実をお話しになられました。そして，最後に「この指導によって，今後のお前のチームの未来が決まってくるぞ」と厳しくおっしゃってくださいました。

　彼女たち2人は，学年でも目立つ生徒でした。しかし，部活では，前向きについて来ていると思っていました。裏切られたというより，自分自身の未熟さに腹が立ちました。形はできていても，心はまだ育っていなかったのです。当然なはずです。彼女たちと出会ってまだ，1年もたっていなかったのですから。

　しかし，許すわけにはいきません。あらかじめ，喫煙した親には連絡を入れ，状況と指導方針をお話ししました。「申し訳ありませんでした。すべて先生にお任せします。どうか立ち直らせてやってください」と逆に頼まれるほどでした。

　その後すぐに全員を集合させました。2人に喫煙をした事実を確認した後，自分の思いと先輩たちの思いを厳しくぶつけました。どんなに謝ろうが，引くことのない指導です。すると，見かねたキャプテンが，「先生，もうやめてください。私たちが悪いんです。2人が喫煙をしていることは，ずっと知っていました。でも，止められなかったのです。チームの評判を落としたのも，先輩たちの顔に泥を塗ったのも2人だけのせいではありません。私たち全員を叱ってください」と2人と私の間に身を入れたのです。それと同時に全員が立ち上がり，2人をかばうのでした。その瞬間，2人の瞳からは，堰を切ったように涙があふれだしたのです。

「2日目に,優勝してみんなと喜び合っているとき,『どうしてあんな馬鹿なことをしちゃったのか』って本当に後悔したんだよ」と声にならない声で一人の生徒が言いました。そして,さらにもう一人が「みんなごめんね。もう2度とタバコなんか吸わないと誓うから,こんな私でも信じてくれる」と土下座をして,頭を床に擦り付けたのでした。

　この事件があって以来,その2人の生徒は,学年の中でも見違えるように変身したのです。

　努力をすればするほど,部活動では力も付いてくるものです。力が付いてくれば,強くなります。強くなると試合で勝てるようになります。勝てるようになると規律もできあがってきます。髪の毛が短くなり,スカートも長くなっていきます。クラスでの動きも良くなっていきます。地域でも気持ちのいいあいさつが交わせるようになり,ボランティア活動にも積極的に参加するようになります。そうなれば,多くの先生や地域の方々から,褒めてもらえる機会も増えていくのです。

　「あの○○部が……」職員室で,こんな声が多く聞かれるようになってきたら,学校が立ち直るまでに,そう長くの時間は必要ありません。

3 学力向上と文化面での飛躍的な活躍
—学習規律の構築—

　グラウンドやコートが整備されるに従って,どんどんと勝つチームが増えてきます。それが,いい方向へさらに雪だるま式に転がりだすのです。

　バレー部だけではなく,ソフトテニス部男子も全国大会へ出場しました。他にも東海大会や県大会へどんどん出場する部がでてくるようになりました。そうなってくると,大きな問題行動も激減してくるのです。さらに,学校のモラルが高まり,誰もが安心して学校生活を送られるよ

第3章　部活動指導は生徒指導だ

うにもなってくるのです。

　そうすれば，自然と学習規律も構築されてくるのです。「目で話を聞く姿」，「『はい』という気持ちのいい返事」や「乱れない姿勢」など部活動で鍛えられた姿勢が，学習効果を向上させます。当然，居眠りや無駄話などをする雰囲気は消えていきます。勉強が苦手な生徒も，「好きな部活動をやるために，嫌な勉強もやらなければいけない」という意識をもつようになってきます。

　「部活ばかりで，勉強する時間もないので学力が伸びないだろう」と他校の教師に言われることがあります。しかし，それは，とんでもない話です。

　バレー部に真菜さんという生徒がいました。彼女は，常に学年でトップの実力を発揮し，通知表もオール5でした。さすがに私も不思議に思い「いつ，勉強しているのか」と聞いたことがありました。すると帰ってきた答えは「中途半端な時間を勉強にあてています」というものでした。詳しく聞いてみると，「家に帰って，食事までの時間」とか「食事を食べた後，風呂へ入るまでの時間」など，10分とか20分程度の，普通だとテレビを見てゴロゴロする時間を勉強にあてているというのです。彼女にとっては，中途半端な時間というのは，テレビを見るのも，中途半端に終わってしまう時間ということのようです。

　さらに彼女は，「バレーの練習と比べたら，勉強なんか楽なものですよ。座っていればいいのだし，間違えても叱られることもありませんからね」と皮肉まで言うのです。ちなみに，彼女は，中2・中3と県選抜メンバーに選ばれ，椙山女学園高校へ進学しました。残念ながら，もう

一歩のところで，インターハイ出場はかないませんでしたが，高校でもキャプテンとして大活躍しました。今は，何かあったときに私を助けるために弁護士を目指し，法学部で勉学に励んでいます。

　もっとも顕著に成果が表れてくるものが，作文や詩，創意工夫や理科科学研究などの文化面です。それらは，部活動が強くなっていくに従って，多くの生徒が賞を獲得するようになっていきます。

　特に，中学生の主張大会では，武田聡美さんが，日本一の内閣総理大臣賞を受賞するほどです。また，パソコン検定でも川畑拓也くんが同じく日本一の内閣総理大臣賞を受賞しました。さらに，創意工夫展においても井木和平くんが，全日本発明展において第二位にあたる賞を受賞しました。詩においても，前に紹介した，バレー部の2人は，ともに「市の一席」を獲得しています。その他にも，多くの生徒が，いろいろな分野で活躍をしています。何か一つのことに，熱中することが，他のことに対してもとても大きな力を発揮させる源になるということです。

　まさにこのことが，本藤伸之校長先生のおっしゃっていた「学校の風土をつくる」ということだったのです。

　余談になるかも知れませんが，2008年の紅白歌合戦で「手紙　～拝啓十五の君へ～」という歌を熱唱したアンジェラ・アキのバックに映しだされた写真は，バレー部を中心とした美里中生のものでした。これも「学校の風土」がもたらしたものかも知れません。

第4章
部活動とクラブとの連携

　教師の仕事は多岐にわたり，ほとんど休む日がありません。年休さえ1日も取らずに，1年中働き通しの教師もいます。日々，学習指導や生徒指導に追われ，会議や提出物の山に押しつぶされようとしています。また，学校行事や学年行事等の準備には，膨大な時間が必要です。さらに，朝と夕方に部活動指導があったら，寝る時間もなくなってしまいます。

　こんな現実を目の当たりにしたとき，教育課程に入っていない部活動指導を削るしかないという考えも十分に納得できます。しかし，これまで述べてきたように，部活動指導こそ，これからの学校教育には，ますます必要になって来ることも事実です。

① 部活動とクラブとの連携の必要性
―学校体制で地域との連携を行う―

　教師は，学校教育の中での部活動の必要性は認めています。また，指導もしたいという希望を多くの教師がもっています。しかし，現実には，部活動を指導する時間が生みだせないのです。

　また，すでにお話ししたように，保護者の協力なしには，これからの学校教育は行えない現状があります。これら二つの問題を解決するためには，「部活動」と「クラブ活動」とを分けた組織作りを行うことです。

　ここでいう「部活動」は，教師主導で，校長会等で定められた基準に則って行う活動です。一方「クラブ活動」は，保護者が主体となって行う活動です。他の地域では，この二つを切り離した形で行っています。

　美里中学校の方策の一番の特徴は，「部活動」と「クラブ活動」のタイアップという考えです。教師だけで，生徒を見るのではなく，親や地域の人たちにもかかわってもらい，多くの目で生徒たちを見ていこうとする体制です。

　以下に「クラブ活動」（本校では「美里クラブ」と呼びます。以降は「美里クラブ」と表記します）の規約を載せます。

◆美里クラブ規約◆

　生徒や保護者，地域の要望により，保護者が会員となって，本校の生徒たちに活動の場をより多く与えたいという思いから結成されている。また，この活動が生徒にとって学校生活全般にわたり，プラスに働くものでなくてはならない。

第1条　保護者が会員となる。
第2条　学校は，施設・用具等を貸与する。
第3条　部の顧問は，学校とクラブとのパイプ役とする。
第4条　クラブ会員は，本校の生徒（1年〜3年引退時）の親で構成される。
第5条　保護者（クラブ会員）の組織「父母の会」によって運営される。
　1　コーチは父母会によって人選し依頼される。
　2　練習や練習試合等は，コーチ・顧問等と協議の上，父母会が決定して行う。
　3　事故やケガ等があった場合は，すべて父母の会が責任を負う。
　4　クラブ活動への送り迎えは，すべて父母の会が責任をもつ。
　5　各部活動に加入している生徒の親を対象にクラブ会員の募集を行う。（強制的であってはならない）
　6　活動計画を学校へ提出する。
　7　月に1回程度，施設及び周辺の環境整備を行う。
第6条　本校の部活動の申し合わせ事項に則った，下記のクラブ申し合わせ事項を守り活動する。
第7条　問題等が起こった場合，校長の判断により，美里クラブの活動は禁止される。
　○　生徒にとって，クラブの活動がマイナスだと判断される事由による。
第8条　このクラブの運営は美里クラブ連絡協議会が行う。随時，美里クラブ連絡協議会（連絡協議会代表・校長・校務主任・父母の会会長・部の顧問）を開催する。
第9条　全国大会及びそれに準ずる大会へ出場するチームがでた場合，美里クラブ連絡協議会で支援する。
　1　壮行会の実施
　2　激励金（一クラブ員：500円）の授与
　3　全国大会に準ずる大会：美里クラブ連絡協議会で認められた大会
第10条　このクラブは，事務局を美里中学校内におく。
第11条　美里クラブ連絡協議会に，次の役員および会計監査委員を置く。
　代表　1名
　補佐　1名（教職員とする）
　会長　各クラブ1名
　会計　2名（内1名は，教職員とする）

会計監査員　　1名（教職員とする）
付則　この規約は，平成16年4月30日から施行する。
平成22年4月28日（月）改正

□平成22年度役員名簿
　　代表　山田浩二　　　　　補佐　塚本哲也
　　会計　景井悦子・佐々木博　会計監査　今田良人
□美里クラブ登録チーム
　　1野球　2バレーボール（女）　3テニス（男）　4テニス（女）　5ハンドボール
　　（男）　6バスケットボール（男）　7バスケットボール（女）　8ソフトボール
　　（女）　9吹奏楽　10卓球（男）　11卓球（女子）12　サッカー
　※登録は，新チーム発足にあわせ，9月に行われる連絡協議会時に行う。
□クラブ申し合わせ事項（部活動の申し合わせ事項に準じる）
　1　練習のいき帰りは，徒歩で行うこと。下校時間外の活動については，保護者
　　の送り迎えを原則とする。
　※駐車場について（休日の場合も同様）
　○洪志館・修道館での活動　→ハンドボール場
　○グラウンド・テニスコートでの活動→グラウンド
　○誘導係を配置する。
　○駐車場における事故等においては自己責任とする。
　2　練習時の服装は，本校のジャージか体操服，もしくは，部で認められた練習着
　　を着用する。靴，ソックスも同様である。また，練習へのいき帰りも同様である。
　3　持ち物は，学校指定のナップサックもしくは，部で統一したバッグに入れる。
　　バッグには，キーホルダー等の飾りをつけない。菓子やアメ，ガム，携帯電話，
　　におい消しスプレー等，不要物はもってこない。
　4　飲料水は，大会もしくはそれに準ずるとき以外は，スポーツ飲料等は禁止す
　　る。お茶か水に限り，水筒に入れてくる。ペットボトルに入れてもって来ると
　　きは，タオルなどで包むこと。（ただし，熱中症予防のため，7月部活動強調週
　　間〜8月まではスポーツ飲料【ポカリ・アクエリアス】を許可する。）
　5　練習前や後には，借りた施設やコートの整備や清掃，用具等の片づけをしっ
　　かりと行う。
　6　活動時には，必ず父母会の会員，もしくはコーチが監督する。
　7　部活動とクラブ活動との違いを明確にして活動する。
　○部活動：①練習時間について
　　　　　　　　火・水・金のPM4：20〜最終下校時
　　　　　　　　第1土曜日・日曜日　第3土曜日　第4日曜日　第5土曜日の半日
　　　　　　②練習試合について

第4章 部活動とクラブとの連携

　　　　　年に4回程度（市内に限る）
　　　　③協会等の大会について
　　　　　学校長が認めたもののみ参加できる
　○美里クラブ活動：それ以外の父母会が定めた活動すべて

　次に，この「美里クラブ」と「他の各地域で行われているクラブ」との違いはどこにあるのかを列挙してみます。
　1　部活動とタイアップしている
　（1）　学校と保護者，地域のコーチ等の目で子どもたちの成長を支援できる。
　（2）　正規の学校開放以外の時間に優先的に活動場所を確保することができる。
　（3）　部活動の備品等を利用して活動できる。
　（4）　協会等の大会参加費の一部を学校が補助する。
　（5）　外部コーチ（部活動特別指導者）の一部を学校が負担する。
　2　本校の部活動に参加している生徒の活動の場である。
　（1）　部活動だけでは物足りない生徒にとって，活動の場がより多く与えられる。
　（2）　多種な大会等の活躍の様子を学校中で賞賛できる。
　このように「美里クラブ」の活動には，多くの利点があります。

　多くの中学校では「教師対ひとりの生徒」，もしくは，「親対自分の子ども」という関わり方が一般的です。しかし，本校では，「ひとりの生徒を地域の多くの目で見ていこう」という観点に立って教育活動を進めています。その

111

中の最たる活動が，この美里クラブの活動です。

　美里クラブ規約の条文にある「この活動が生徒にとって学校生活全般にわたり，プラスに働くものでなくてはならない」ということは，単に個人やチームの技術が向上し，試合に勝つということではないのです。「試合に勝つ」ことを目指して，チームで活動していく中で，人として大切なものを学び，身につけていくことこそが最重要課題なのです。個人の技術を向上させ，勝ちたいだけならなら，スポーツクラブへ加入すればよいはずです。

② 美里クラブに対する学校の基本的な考え
―教師と保護者，そして，地域の目で見る―

①　教師の勤務に関する問題

　教師の勤務時間は，現在 AM 8：10～PM 4：40までです。しかし，先ほども述べたように，勤務時間以外の時間に家庭訪問，事務的な処理，会議等，雑務も含め多忙です。だから，教師に負担をかけないようなクラブの運営を考えなければなりません。

　美里クラブの規約第3条に「部の顧問は，学校とのクラブのパイプ役とする」という条文があります。パイプ役というのは，細いパイプも太いパイプもあるように，教師と各クラブの父母会との契約によって決まります。

　最も細いパイプ役は，施設・練習・試合等の調整役です。また教師が，父母会からコーチとして依頼された場合は，教師の意思によって，関わりの度合いを決定することができます。

　これにより，教師にゆとりがある時間だけを，クラブ活動の指導にあてることができるのです。

第4章　部活動とクラブとの連携

②　職員の精神的な不安の解消

さらに，教師の関わりに対する保護者からの批判・不満がでた場合，規約の第7条「問題等が起こった場合，校長の判断により，美里クラブの活動は禁止される」が発動されることもあります。これは，保護者からの不平・不満・苦情は，「生徒にとって，クラブの活動がマイナスだと判断される事由」にあたると考えるからです。あくまで，美里クラブで活動する生徒は，部活動の生徒なのです。

これにより，教師に対する大きな期待にこたえられない，申し訳なさなども解消するのです。

クラブの活動が，生徒たちにとってプラスに働くための第一条件は，教師に対する信頼感です。その信頼感を無くす，教師に対する苦情・批判・不満の声は，公にすることなく，各クラブの父母会での話し合いで理解・納得・解決を行っています。それでも解決できない場合は，父母会の会長が学校代表である私まで報告・要望を提出するという仕組みを作っています。

③　より確かな組織づくりのために

より確かな組織を構築するために，学校側からは，次の2点を，各クラブの父母会に要望をしています。
1　顧問・父母会会長が，変わっても対応できる組織づくり
2　組織づくりが進んでいるクラブを参考に，連絡・情報等が，クラブ員全員に迅速にもれなく，確かに伝わる体制づくり

④ 親や教師よりも，仲間の影響力の大きさ

　中学生の時期は，仲間や先輩の影響力が大きくなってきます。特に，クラブなど共通な目的で集まった集団の中では，それが顕著に表れるものです。そのことを考えたとき，連帯責任という考え方は，非常に大きな教育的効果を発揮しています。

　部活やクラブで，ルール違反や問題行動が発生すると，チームにペナルティーが課せられ，活動が停止されることがあります。活動が停止されている間は，生徒たちは髪の毛を短く切り，奉仕作業を行うのです。クラブとして連帯責任を負うのです。

　その姿は，見事なほど，真剣です。草取りをさせれば，「あっ」という間にゴミ袋の山ができるほどです。このように「一刻も早く練習を復活したい」という気持ちを，行動で示す生徒たちを親たちも応援するのです。

　このペナルティーは，決してチームにとって無駄にはなりません。逆にそのペナルティーが，今までの自分やチームを素直に見直せる良い機会になり，有効に働くことになるのです。また，有効に働くようにクラブ会員全員（保護者，コーチ，教師）で見守っていかなければならならないのです。

　「一部の生徒のために活動が停止された」のではなく，「一部の生徒のおかげで，チームを見直せる機会が与えられた」と考えるべきです。また，「問題を起こしてしまった自分のために，みんなが一緒に反省してくれた」とい

う思いが，よりチームの絆を太いものにし，苦しさに打ち勝つチーム力を養うことにつながります。

⑤ 自分の子だけではなく，チームの子全員を見る姿勢

　教師やコーチ，そして，クラブの会長などは，常にチームの子ども全員を公平に見るように心がけています。そこに，えこひいきや排斥などがあってはなりません。

　美里クラブは，「保護者がクラブ会員」です。このことは，「保護者もチームの一員であり，絆を強めなければならない」ということを意味しています。

　中学時代とは，誰でも過ちを犯す危険性を秘めた時期です。いつ，我が子が問題を起こすか予想もつかないと思うのです。だからこそ，自分の子だけを守ることを考えるのではなく，仲間全体のことを考えることが必要です。

　また，「やってしまったことではなく，その後，どうするか」が問題なのだと考えます。本校では，「やってしまったことに対しての反省を，行動で表させる指導」を行っています。それが，奉仕作業であったり，髪の毛を切ることであったりしています。あくまでも，生徒たち一人ひとりが，自分で決め，自分の意思に基づいての行動です。決して強制的なものではありません。

　さらには，問題を起こしやすい生徒をチームから排除することは，何の解決にもなりません。逆に，チームの結束は薄れ，チーム力も低下することは明らかです。

⑥ 親の問題ではなく，子どもの問題としてとらえる

　前項でもお話ししましたが，中学校は，子どもから大人へと，自立させることを目的に教育活動を行う場です。良いことも悪いことも，すべ

て大人になるための大切な経験です。そして、やってしまったことは、自分の責任で解決しなければなりません。

　当然、親の力が必要な場合もあります。しかし、親が先に「クラブを辞めることで責任をとらせよう」だとか、他の保護者が「それは、家庭の問題だ」と言って、批判することは、お門違いだと感じます。あくまでも、子どもの子どもたちの問題として、温かく見守っていけるような体制づくりも必要です。それが、生徒の自立への支援になるはずです。

③ 地域に根ざしたチームづくり
―多くの人たちの想いを受け止めて―

　毎朝、生徒たちと一緒にグラウンドを走っておられる地域の区長さんがいます。自称「東京オリンピックの聖火ランナー」である小林良一さんです。区長さんは、グラウンドを走り、テニスコートを走り、そして、体育館へ来られます。それは、朝だけではなく、夕方や休日も続いています。ですから、管理職以上に教師や生徒の様子をつかんでいます。

　いつも気軽に生徒たちに励ましの声を掛けたり、ときには、集合させ「喝」を入れてくださるときもあります。そして、我々教師に対しても、気さくに話しかけ、いろいろなことを勉強させてくださっています。

　さらに、地域で中学生の輝く姿を伝えてくれたり、地域の中で生徒を活動させてくれたりと、地域と学校の潤滑油になってくださっています。

そのおかげで，全国大会出場が決定すれば，区長さんはもちろん市会議員や県会議員も集まって，地域をあげての壮行会を盛大に開催してくださる環境ができているのです。

美里クラブには，年間を通して，たくさんの行事が計画されています。年3回の「美里クラブ感謝祭」，年2回の「美里クラブ収穫祭」，そして，年1回の最大の行事である「美里クラブ対抗駅伝大会」です。

「美里クラブ感謝祭」は，クラブ会員（保護者）とクラブ員（生徒）が，日ごろ十分な活動を与えてくれている学校へ感謝を表す行事です。生徒たちが活動の意味を理解しているので，草取りや樹木の剪定，トイレ掃除など，全員が黙々と作業に没頭します。そのおかげで，学校中が驚くほどきれいになります。

「美里クラブ収穫祭」は，資源回収です。地域の方々にもお願いをして行っています。この収益金は，年4回の美里クラブ連絡協議会や，美里クラブ駅伝大会での費用にあてられています。

そして，「美里クラブ対抗駅伝大会」は，寒さも一番厳しい2月に行われています。12のクラブが，1本のタスキをつないで勝利の栄冠を目指すのです。これには，小林区長をリーダーに地域のランナーたちも参加します。毎年，学校行事の体育祭にも匹敵するほどの盛り上がりを見せています。

昼に食べる，クラブ会員（保護者）の作ってくださったトン汁が，冷えた生徒たちの体を温めてくれます。

どの美里クラブの練習にも，父母会が探してきた地域の指導者がいます。教師がコーチとして指導できないクラブでは，前面にでて厳しい指導を行ってくださっています。また，教師がコーチとして前面にでて指導しているクラブでは，陰からのサポート役に徹してくださっています。助かるのは，急用で教師が抜けたり，付けないときには，教師の思いを受けて指導を継続してくださるということです。

また，美里クラブの現代表である山田浩二氏の教師と保護者，そして，地域との思いをつなぎ，まとめ上げるリーダーシップと各クラブの会長方の子どもたちの成長を願う親心と使命感の強さが，大きな推進力になっています。

　多くの地域の方々の熱い思いを受けて，本校の生徒たちは，自分の好きな部活動を思う存分，思いっきり3年間やり続けられるのです。

　この美里クラブを通しての地域連携活動は，本藤伸之校長から始まって，現在の鈴木勝己校長に受け継がれてきています。まだまだ，多くの問題はありますが，鈴木勝己校長先生の細部にまで配慮した緻密な組織作りにより，目指す姿に近づいて来ています。

　まだ薄暗い中，登校してくる生徒に，地域の方が「おはよう。ようがんばっとるね」という言葉をかけていただける幸せを，私は日々感じています。

撮影：稲垣写真館

第5章
勝つチームの美学

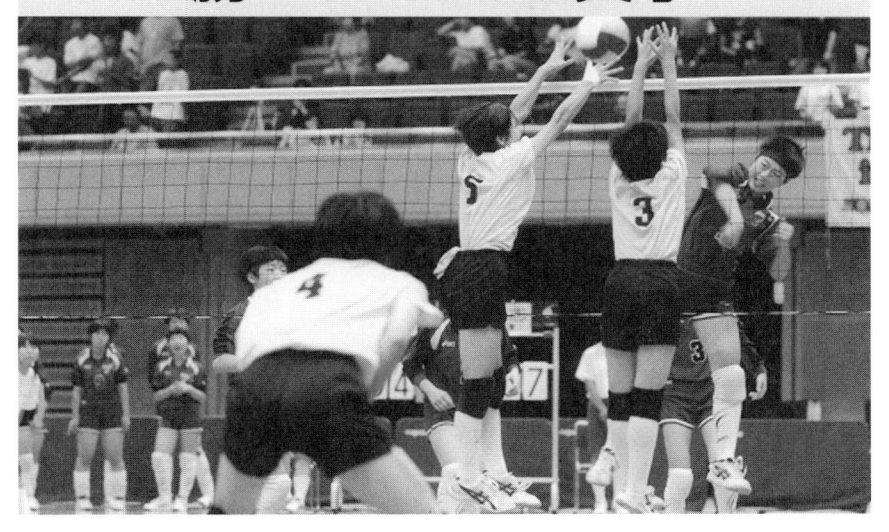

　部活動においては，教師は，勝つことを教えなければなりません。勝つことが教えられなければ，最後まで生徒は付いてきません。ということは，部活動を通して教育を行うためには，「勝たせる技術の指導」が必要だということです。
　では，「勝たせる技術の指導」の原点はどこにあるのでしょうか。それは，それぞれのスポーツの美しさの中にあると私は考えています。これまでの章で，勝つチーム創りから見えてきた美しさをお話ししてきました。この章では，具体的にどんな視点にたって指導をすることが，勝つ技術を身につけさせることになるのかをお話しします。

1 審美眼を鍛える
―美しさの中にこそ真実がある―

　「はい」と大きな声で返事をし，教師の指示に従って，俊敏に動くチームがあります。一見，とても気持ちがよく，「よく鍛え上げられているな」と感じます。しかし，試合をしてみると，一生懸命さは伝わってくるのですが，ちっともボールは返ってきません。このようなチームは，金メッキチームです。試合になれば，メッキは簡単に剥がれ落ちてしまいます。我々が目指すのは，純金チームを創りあげることです。

　バレー部の生徒は，掃除ばかりをするボランテイア部ではないのです。教師が，本質のすり替えを行ってはいけません。勝たせる技術の指導ができないから，形ばかりを追う指導に埋没していってしまうのです。

　純金チームを創りあげるには，審美眼を鍛えることが必要です。世に存在するものすべての本質は，美しさの中にこそあるのです。指導者に美しいものを見抜く力がなければ，純金チームは創られないのです。

　では，審美眼を鍛えるためには，どうしたらよいのかということをお話しします。まず，一つ目は，それぞれのスポーツの特性を知ることです。たとえば，バレーボールには，次のような特性があります。

　1　基本技能の難しさ・技能の追求が必要
　　(1)　人間の基本動作「つかむ・つく・投げる」は反則となる競技
　　(2)　基礎技能をマスターするまでに時間がかかる経験のスポーツ
　　(3)　持久力よりも瞬発力，反射能力が要求される競技
　2　プレーが1回1回きれる・ゲームの流れが勝因を左右する
　　(1)　精神的な要因が，ゲームに大きく影響する（心のコントロール・集中力）
　　(2)　思考力・瞬間的な判断力・相手を分析する力が必要

第5章　勝つチームの美学

　3　相手競技者とは接触しない競技・チームプレーの追求
　⑴　チーム内の役割分担の明確化
　⑵　チーム力の向上
　⑶　チーム内の人間関係の改善

　まずは，この特性をよく理解することです。そして，二つ目に必要なことは，この特性を理解した上で，どんな練習メニューを開発するのかということです。

❷　100以上の練習メニューを持つ
―15分単位で，何時間練習が続けられるか―

　技術を身につけさせるのに一番大事なことは，言うまでもなく練習メニューの開発です。その練習メニューは，練習のためのメニューではなく，勝つためのメニューでなければなりません。そして，勝つためのメニューには，必ず美しさがあります。美しい練習は，何時間見ていても飽きないものです。美しさのない練習メニューは，長続きしません。
　私の行っている練習メニューは，すべて，他の先生方から教えていただいたものばかりです。それに，ちょっとだけ，自分のチームに合った形にするための工夫をしただけです。特に私は，豊橋市の豊岡中学校の金子直己先生の指導方法から多くを学びました。また，高校では，岡崎北高校の水越嗣雄先生や椙山女学園高校の鹿島恵美子先生，そして，豊橋中央高校の小林幸夫先生，藤ノ花高校の山崎宏人先生，さらには中京大学の高梨泰彦先生からも格別な指導を受けています。
　その100種類以上のメニューの中から，ここでは，「パス」，「レシーブ」，「スパイク」，「ブロック」，「サーブ」について，特に効果の上がる練習メニューをそれぞれにつき，一つずつ紹介します。そして，さらに最後に「経験を養うための練習メニュー」を2種類紹介します。

121

1　パス：パスの上達は習うより慣れよ
○三角形の移動パス

　　4人組みで，三角形の移動パスを落とさないように連続で行います。右回りで150回，できたら，左回りで同じく150回行います。気をつけることは，相手のおでこを目がけ，低いボールを出すことと，外側の足を相手に向けることです。次は，ジャンプパスで同じように，同じ回数行います。15分以内にできなければ，ペナルティーです。

2　レシーブ：正確なレシーブは面作りから
○棒を握っての面づくり

　　20cmほどの棒を下側から両手で握って面を作ります。3人組みで，順番に打たれたボールを送り足でレシーブし，狙った場所へ返します。3人で連続左側へ30本，右側へ30本打ちます。その内，それぞれ20本以上が目標へ返れば合格です。

3　スパイク：狙ったコースへの打ち分けこそ，決定打になる
○台上からの飛び降りスパイク

　　ネットから1mくらい離れた所に，50cm程度の高さの台を置き，その上から，自分で50cmほどに放り上げたボールを飛び降りながら打ちます。ネットを挟んだ反対側のコートには，左・真ん中・右に1m四方の目印が敷かれています。それを目がけて，それぞれ10本ずつ打ち，25本以上が当たれば合格です。

4　ブロック：9m間のステップのスピードアップ
○ハンガーを持ってのシャドー

　　ハンガーの内側から右手と左手の小指と中指に引っ掛けて，頭の上に置いた状態から，クロスステップで跳ぶ練習です。腕を振ってしまうと，ハンガーの頭が，ネットに引っかかってしまうので，自分でフォームのチェックができます。ある程度できるようになったら，スピードを付けさせるために，5人組で，レフト⇒センター⇒ライトの順に跳んでいき，往復します。1分以内に5人で10往復できれば合格です。

5　サーブ：肩の力と手首のスナップ力を付ける
○遠投

　　勢いを付けて走りこみ，エンドラインから，ボールを力いっぱいに投げます。目標は，反対側のバスケットゴールへ入れることです。2分のうちに50本以上投げられれば合格です。そして，1球でも見事ゴールに入れば，プレゼントがもらえるのです。

6　経験を養う練習：どんなに練習時間が短いときでも必続
①2人組みのネット当てラリー

第5章　勝つチームの美学

　　3mラインとネットの間のプレーの上手いチームが、必ず勝利を手にします。そのプレーの上達のためには、この練習を必ず毎日のメニューに組み込むことをお勧めします。
　　バリエーションは4つありますが、ここでは、そのうちの一つをお話します。1本目のボールをネットに向かってレシーブします。そのネットに当たったボールを、もう一人がアンダーでトスにします。そのボールを開いた位置から助走をし、フェイントで相手コートへ返すのです。お互いにボールを落とさないようにして続けるのです。一斉に3箇所で行うことができます。1分30秒でローテをして、いろいろな相手と行います。

② 4対4の乱打
　　6人対6人の乱打形式の練習は、非常に能率が悪いです。そこで、4人対4人の乱打を紹介します。
　　コートに4人ずつ入り、一人のサーブからスタートします。全員がサーブレシーブをし、取った生徒以外の者がフォローに入り、トスを上げます。そして、残りの3名のうち、誰かがスパイクを打つのです。相手コートの生徒は、必ず、1枚ブロックに付きます。ラリーがどんどん続くようになれば、さらに上達して行きます。目標は、5回のラリーが続くことです。能率を上げるため、落ちたら、すぐその場所から相手にチャンスボールを投げ入れさせるのもいいでしょう。これもワンセット1分30秒で、ローテーションさせながら行います。
　　ここにあげた評価目標値は、美里中学校の中レベルを基準にしてあります。

7　試合と同じ条件整備
　繰り返しますが、大事なことは、試合で効果を出すために練習をしているということです。だから、常に試合と同じ環境と雰囲気作りに心がけることが、不可欠になります。
　(1)　ネットとの高さは、女子の場合は210cmにスケールを使って計り、合わせる。
　(2)　ネットの両サイドにはアンテナを付ける。
　(3)　ネットに緩みがないように、ワイヤーと下部の紐をしっかり締める。
　(4)　ボールの空気圧は、夏冬常に3.15hpに合わせる。
　(5)　ボールは、その年の使用球であるメーカーのものだけを使う。
　(6)　体育館の床は滑らないように手入れをする。
　など、服装も合わせ、試合と同じ環境を作って毎日練習を継続することが、緊張感を作ることに、つながっていきます。

123

3 自分なりの理論を持つ
―私は，ブロックで勝つ―

　チームにエースがいる時は，オーソドックスなチーム創りでも，勝つチームは創れます。いや，どこのチームをも凌ぐエースが一人いれば，普通にやっていれば負けるはずがありません。

　しかし，そんなエースが現れるのは，10年に1度くらいのものです。大概は，普通の生徒で勝負するしかないのです。普通と言っても，公立の中学校では，毎年いろいろな生徒でチーム創りを行わなければなりません。だから，ひとつのパターンだけでは，毎年，毎年，勝てるチームは創れないのです。

　勝つチーム創りをおこなっている教師は，集まった生徒の特性をつかみ，毎年，違うチーム創りをおこなっているのです。

　美しさはひとつではないのです。個性をどう絡み合わせるのかによって，千差万別なカラーが生み出されるのです。そうしたチームの美しさを見つけ出し創りあげない限り，大エースのいるチームには，勝てないのです。

　とは言っても，不易の部分が必要です。これが自分の理論の根本をなすものになるのです。分かりやすく言えば，「何で勝つか」「どの部分の美を追求するのか」ということです。

　野球で言えば，「ピッチャーで勝つ」では，エースで勝つということです。エースがいれば，それでいいですが，大概の年はいません。では，「何で勝つか」これが大きな問題です。「バント」ですか？　それが，他のチームと同じであれば，メンバーの能力のある方のチームの勝ちです。だから，私は，他のチームが，考えないことを自分の理論の根本にして，指導をしているのです。

バレーボールの場合，私は「ブロックで勝つ」ことを理論の根本にしています。サーブやレシーブではありません。ましてや，エースはいませんから，スパイクでもないのです。

その理論に立って，練習を組み立てるのです。当然，1日の最初に行う練習メニューは「ブロック練習」です。最後も必ず「ブロック練習」で終わります。

私の練習メニューには，ブロック練習のいろいろなバリエーションが，どの練習メニューよりも数多くあります。背が低くて，ネットから手が出ない生徒も，当然同じようにブロック練習をします。

ブロックの考え方は，「相手のスパイクを止める」だけではありません。「打たせるコースを絞らせること」と「ワンタッチしてチャンスボールにする」という大きな役割があるのです。

さらに，ブロック練習をすることが，逆にスパイカーの意識改革にもつながっていくのです。どういうことかと言うと，ブロックを利用するスパイクが打てるように意識できるということです。

エースがいないわけだから，高い位置から強打が打てないのです。普通に打てば，全部チャンスで拾われてしまいます。しかし，ブロックを利用すれば，吸い込ませることも，コートの外へはじき出すこともできるのです。ブロックに当てられて，方向を変えられたボールはなかなか拾えるものではありません。

中学校の女子の場合，ほとんどのチームが，ブロック練習をあまりしていません。だから，私のチームが能力で劣っていたとしても，「ブロック」で勝てるのです。

私は，ネットの白帯の上から，四つの手のひらがそろって開かれている姿勢に，この上ない美しさを感じるのです。

4 年間1000セット
―どんな相手をも拒まない―

　東海大会を勝ち抜いて，全国大会へ出場するためには，年間1000セット以上のゲームをこなさなければなりません。なぜなら，ゲームの経験が，バレーボールの最大の技術を養うからです。また，ゲームの経験によってこそ，こなれた美しさが醸し出されるのです。

① ゲーム感覚を養う

　いくらゲームの中の一部を取り出して，練習を繰り返しても限度があります。そのプレー自体はできるようになったとしても，ゲームの技能は身に付きません。ゲームの技能とは，ゲーム感覚と言ってもいいでしょう。ラリーが何回も続いた中でしか，ゲーム感覚は養われていかないのです。また，点数によっても，大きく局面が変わっていきます。序盤と終盤では，攻め方も守り方も大きく違ってきます。

　試合を組み立てる技術やリズムを変える技術，そして，チームを勢いに乗せて畳み掛ける技術こそが，勝つためには必要になってくるのです。

② 1セット1セットを無駄にしない

　年間1000セット以上のゲームをこなすのは至難の業です。単純に計算して，1日10セット行ったとしても100日必要です。ということは，すべての土日をゲームにあてたとしても，日数がまだ足りません。

　少し考えただけでも，それだけのゲーム数をこなすためには，膨大な労力と費用がかかっていることになります。ならば，無駄があってはいけないのです。1セット，1セットが，すべて生徒たち全員のためになるようなゲームにしてやらなければならないのです。

そのためには，短期目標をチーム，そして，個人個人に持たせて，ゲームをすることが重要です。1セットごとに，マネージャーにしっかりと記録を取らせ，個人個人に客観的な評価をさせ，すぐにActionを起こさせるのです。

③　どんな相手をも拒まない

ゲームの技能（ゲーム感覚）は，強い相手とやるばかりでは磨かれません。下手だったり，やたらと勢いがあったり，いいかげんであったり，ヤンキーであったり，めちゃくちゃだったり，いろいろなチームとゲームをすることが，とても大事なのです。

「強い相手とゲームをしなければ，時間の無駄だ」という教師もいます。とんでもないことです。そんなことを言っていては，最後の夏の大会で，足元をすくわれます。なぜなら，夏の大会は負けたら即引退です。そんな大一番では，めちゃくちゃなプレーで勢いに乗るチームがいくつもあるのです。「あれ。そんなはずではない」と焦って，予想外の対戦で敗退していったチームは多くあるのです。

また，「私たちのようなチームと練習試合をしてくれてありがとう」という謙虚な気持ちを持たせる指導こそが，仲間作りの第一歩なのです。

5　分析とシミュレーション
—兜の緒を締め，石橋を叩いて渡る—

引退のかかった最後の夏の大会では，どのチームも最も美しい姿を見せます。それぞれのチームの努力によって，それぞれのチームの仲間たちとの深い絆でつながった姿ほど美しいものはありません。それが，多少いびつで不揃いであっても，引退のかかった最後の試合では，それぞれの精一杯の輝きを放つのです。

夏の総合体育大会は，誰もが負けられない試合なのです。今まで，たいして努力をしてこなかったチームでも，監督に反発ばかりしてきたチームでも，たとえ練習試合で１度も負けたことがないチームであっても，120％以上の輝きを放つのが，夏の熱い戦いなのです。だから，市内大会の１回戦から，「兜の緒を締め，石橋を叩いて渡る」ほどの用意周到さが必要なのです。勝ち残っていくためには，対戦相手の「美」を分析し，対策を練って試合に臨まなければならないのです。

　東海大会連覇のかかっていた美里中学校10期生では，すべての対戦相手の分析をおこない，対策を練って試合に臨みました。

　それは，８期生の夏，県大会３連覇がかかった準々決勝でまさかの敗退をきっしてしまったからです。その時も，県大会前夜，対戦相手のＧ中学校の分析をビデオを見ながらおこなっていました。しかし，１セットを見終わった段階で，分析をするのをやめてしまったのです。それは，Ｇ中は２年生チームであったこともあり，あまりにも勝負に対するこだわりがないプレーをしていたからです。その安心感が，命取りになってしまったのです。

　分析するのは，夏の最後の大会が始まってからの，負ければ引退の試合です。それ以前の試合は，少しも参考にならないどころか，かえって混乱を起こすもとになります。

　分析をすることは，次の三つです。

(1)　美（持ち味）は何か。

　その持ち味を発揮させないように手を打つのです。たとえば，エースひとりのワンマンチームなら，エースがスパイクを打てないように，２本目，悪くても１本目をエースに取らせることを徹底的に行うのです。

(2)　攻め方と守り方の特徴

　相手の攻撃のパターンを分析します。中学生の女子の場合は，鍛え

られているチームほど，攻撃パターンは決まってきます。1本目をレシーブした場所，2本目のトスを上げる場所，3本目のスパイクを打つ場所により，誰が，どこから，どのコースへスパイクを打つのかが見えてきます。

　守り方の分析は，2－2，2－1－3，3－3などのフォーメーションの確認です。そして，それぞれのフォーメーションの弱点をつく，攻撃パターンを徹底します。

(3)　サーブコースの確認

　バレーボールの場合，サーブとサーブカットが，試合の流れの善し悪しを最も左右します。だから，まず，ローテーションに合わせ，相手の何番がどのコースへサーブを打ってくるのかを分析します。次に，サーバーによって，ワンローテごと守りのフォーメーションを確認します。

　サーブについても，相手のローテーションに合わせ，相手の一番美しい攻撃パターンをつぶすコースに打たせるのです。

分析は，大会中におこなわれているのですから，対応する時間はそんなに多くはありません。さらに，試合中にも逐次分析をおこない，対応策を練っていくわけです。作戦タイムごとに，お互いの監督の分析力の勝負になるのです。

6期生の全国大会出場を阻んだのが，当時三重県の久居中学校の浦出直人監督でした。監督の采配勝負で負けた私は，23－18から大逆転をきっしてしまい，生徒たちがつかみかけた夢を砕いてしまったのです。

そして，大事なことは，今までの練習の中から，対応できる力を身につけさせているかどうかです。できないことをやらそうとしても，かえって混乱するばかりで，自分たちの力さえも出し切れない結果になるのは明らかです。「自分たちの力をすべて出し切れ！」だけでは，夢はかなわないのです。

だから，1年間の練習は，引退のかかった大一番で，監督の指示に対応できる力を身につけさせることにこそ，重点をおいておこなわなければならないのです。特に小・中学生の女子は，高校生や男子のように，その瞬間，瞬間に自分で考え判断するなどという臨機応変なトリッキーなプレーなど期待できないのです。

　さらに，力を集中して発揮させてやるためには，極力無駄を省いてやることが大切です。そのためにシミュレーションが必要なのです。

　それには，実際の大会会場でリハーサルをおこなうことです。東海連覇をかなえた10期生の場合は，東海大会が行われた岐阜県の山県市総合体育館へ，県大会が終わった後1週間の間に3回も出向きました。

　当然，大会当日と同じ時間に学校を出発し，同じ道筋を通って会場へ行きました。会場へ到着すると，体育館の周りで，荷物が置け，気持ちを落ち着かせるのに最適な，日が当たらなく涼しい場所を探しました。この体育館は，通路や観客席が狭く，ごった返すことが予想されたからです。その後，実際に試合をおこなうコートで，練習をしました。

　その3日間の内1日は，豊橋中央高校と，試合形式でゲームをおこないました。貴重な時間を使って，遠い道のりを中学生のためにわざわざ来ていただける小林幸男監督の気さくな包容力には，これまでも何度も助けられています。

　東海大会では，1日2試合行います。1試合目を勝ち上がると，間が3試合もあきます。その間の練習場所の確保もおこっていましたので，その場所まで行くことも，実際にシミュレーションしました。さらに，昼食を食べる時間や水分の補給の仕方，冷房設備のない体育館での，暑さ対策も万全におこないました。

　「やり残したことはない」「もうこれ以上はやれない」ここまでやり切れば，どんな結果が待っていようとも，後悔という言葉は死語になるのです。

第6章
全国大会への道

　　　　　　　　　　風がふいている
あの夏は忘れない
熱く
心躍らせて，眠る時間さえ惜しかったあの夏を
一日一日が黄金のように光輝いていた
決して届かない遥か遠くにあった夢が
いつの間にか，僕の目の前にあった
夢の舞台で胸を張って行進する君たちの姿を見ていたら
次から次へと涙がこぼれてしかたなかった

熱い夏が終わった
静かになった体育館に君たちを待つ僕がいる
誰もいないコートを見つめていると
一心にボールを追って走る君たちの姿が現れる
聞きなれた大きな声が耳に響く

僕にはこの場所がある
夢に破れ，負けそうになったら
ここへやってこよう
きっと，君たちが
僕に勇気と諦めない力をくれるはずだから
いつまでも消えることなく

① 美里中学校 初の全国大会出場（H18）
―バレーだよりとバレーノートで1年間をひも解く―

それでは，実際には，どのようにして「全国大会出場」という「夢」をかなえることができたのか。平成18年に美里中学校のバレーボール部7期生が歩んだ1年間の軌跡を，私が綴った「バレーだより」と生徒が綴った「バレーノート」をひも解くことによって紹介します。

第1号　8月26日　夢へ2006　新チームのスタート

　ワンタッチボールが，由希先輩の遥か上を通って落ちた瞬間に，6期生の夢は砕け散った。6期生の先輩たちは，夢の塔の1段を上りきるための努力をこの1年間行ってきた。でも，夢は砕け散った。

　学校の体育館に戻り，真菜キャプテンから友美キャプテンへの引き継ぎが行われたとき，「倍努力して先輩たちの夢を果たします」と友美キャプテンは力強く言った。その言葉は，涙で濡れた6期生の瞳を笑顔にするのには十分だった。

　しかし，その言葉の重さをしっかりと受け止めなければならない。君たちはその夢のかけらを，ひとつずつ拾い集めることからスタートしなければならない。倍の努力をするのは，1年という限られた時間の中では不可能である。これ以上の練習時間は設けられないし，練習試合でも1000セット以上はやりようがない。ならばどうするか。それを君たちが考え，実行できるかが，自分たちの言った言葉を裏切らないことになるのである。

　君たちが，本当に今の自分自身を冷静に見つめ，やらなければならないことを見つけ，動き出したとき，この7期生が大きく化けると信じている。そして，やり終えた1年後，最高に輝いているチームができあがっていることを信じて，新しい1歩を踏み出したい。

第6章　全国大会への道

第4号　8月28日　負けからの出発　初めての市内大会

　勝つことは簡単なことではない。先輩たちが勝っていたので，自分たちもあたかも勝てるだろうと錯覚していたのではないだろうか。

　たとえば，開会式の選手宣誓にもそれがうかがえる。毎回，真菜先輩が見事な選手宣誓を行ってきた。選手宣誓はそう言うものだと聞き流してきた人も多いだろう。しかし，真菜先輩の見事な選手宣誓の裏には，彼女の普段からの見えない努力が隠されている。それに匹敵するほどの努力を友美がしていただろうか。栄光の陰には必ず途方もない努力がある。それは当然のことである。しかし本当に憧れるのは，人には努力をしている姿を見せずに，ひょうひょうと成果を出す人である。

　なぜ負けたか。明らかである。下手だから負けたのである。ならば上手くなればいい。「負けからの出発」大好きな言葉である。「今に見ていろ。7期生だって」この意地こそが大切である。

第13号　10月7日　今だから感じられること　1年前の自分

　今日，家に帰ってから先輩たちの代，第7期生のドリーミングを見直しました。NO77を見たとき，涙が溢れそうになりました。「勝ち残れたことに感謝」という文字が大きく最初に載っていて，壮行会の写真が載っていました。読んでみると「気持ちはあるのだが思うようなプレーができない」と最初に書いてあります。今の私たちにぴったりの言葉です。そして，チーム力を表す場面がありました。

　一つ目は，真菜先輩の選手宣誓であると載っています。私は今でもあの真菜先輩の力強く，たくましい選手宣誓は忘れることができません。選手宣誓にもチーム力が表れるんだということを改めて感じました。

　二つ目は，親への感謝の気持ちのことが載っていました。琴乃は自分のお母さんに「見に来てよ」といつも告げていたそうです。それを聞いた他中の先生は「やっぱり美里には勝てないわ」と言ったそうです。いつも親

は忙しいのに，私たちのために夜遅くまでつき合ってくれたり，応援に来てくれます。周りがどれだけ私たちのために時間を尽くしてくれているでしょうか。そんな親へいつも感謝しなくてはいけません。他中でこんなに周りの力を得て勝ち進んでいるチームは，きっと少ないと思います。そんな環境でやっている自分たちはもっと「ありがたみ」を感じなければならないと思いました。

　そして，最後は接待のことです。私は市内大会の時に，2日間接待をしました。初めてやる接待は，とても忙しく，こんなに大変だとは思わなかったくらいでした。1日目に葵先輩にすべてのことを教えてもらい，「明日は頼むよ」と言われ，市内大会1日目は過ぎました。家に帰って，葵先輩に教わったことをすべて振り返って，1人で黙々と接待の仕方について練習したあの夜を思い出しました。

　もう一度全てのドリーミングを読み直し，自分たちの欠けているものが見つかるキーワードを探し出し，先輩たちのような煌めくチームに一歩一歩近づきたいです。《春菜》

　自分たちの代になり，今だから感じられることや理解できることがある。これが多ければ多いほど，大きく成長しているんだと思う。

　今，君たちは，確かに先輩たちが登った階段を同じように登っている。でもついて登って行くだけでは，伝統を守り，夢をつなぐことにはならない。この同じ道の所々で，幾度立ち止まり，どう思い，また歩き出すか。その答えは，君たちが見てきた昨年1年間の先輩たちの姿の中にある。春菜のようにドリーミングを見直すのも大切なことだと思う。

第14号　10月8日　初優勝の喜び　市内新人戦

　どんな分野のどんなに小さな集団の中でも，1番になるということは，そんなに容易いことではない。そのことを自分たちの代になって，身をもって感じたことだろう。市内の頂点に立って，やっと君たちはスタートラインに立つことができたのである。夢へのスタートラインである。砕け散

った夢のかけらを集め，いよいよである。

　決勝戦は，負けゲームであった。あれだけサーブで攻められ，防戦一方の中でよく踏ん張れたと思う。2セット目，終盤で追い上げられ，25対24と追い越された時のあの1本に，君たちの精神的な成長の跡を見ることができた。

　サーブレシーブが，コートの外へ大きくはじかれた。そのボールを梨花が追ってコートの中へ取り返した。なんとかトスになったボールを友美が，スパイクで打ち込んで決めた。あの勝負を諦めない気持ちが，勝利を生んだのである。君たちのチームにとって，財産になる輝くプレーであった。

　一度追いついた相手には，二度と負けることはない。君たちの次の目標は，1か月後の県大会である。この1か月で弥富中や久方中に追いつかなければならない。

第22号　12月2日　何も咲かない寒い日は下へ下へと根を伸ばせやがて大きな花が咲く

　枯れ葉は舞い散り，今年もまた寒い冬がやってくる。目覚ましがなっても，まだ暗い。家族を起こさないようにそっと布団から抜け出し，寒さに震えながら支度をする。缶コーヒーを1本温めて，部屋が暖まった頃には玄関のドアを開ける。一気に冷え切った空気が体の中に流れ込み，体が震え，吐く息が凍りそうな感覚になる。うっすらと明けかけた風景を目にした瞬間，「今日も勝った」と少し胸を張る。車庫のシャッターを開け，冷凍庫のような車に乗り込み，学校へ向かう。ラジオから流れる音楽をBGMに，太陽が昇り始めた東の山並みの変化に心奪われる。学校へ着くと，もうすでに体育館から声が聞こえる。その声を聞いて，「よしやるか」と気合を入れ，今日も1日が始まる。

　上の言葉は，マラソン選手の高橋尚子が座右の銘にしている言葉である。これからの厳しく辛い3か月の地道な努力が，春にはきれいな花を咲かせるのである。

　今日の帰りに，体育館前の花壇に，パンジーが植えられていました。今

年の夏，公務手の鈴村咲子さんが，「花壇の花を見て，バレー部の子が頑張ってくれるように」と言って，花壇を作ってくれました。パンジーの苗は，まだとても小さくて，花も咲いていません。これから寒い冬を乗り越えて，どんどん大きくなって，つぼみをつけて，きっと春にはいっぱいの花を元気に咲かせていると思います。

　私たちのチームも，このパンジーのようにどんなことも乗り越えて，春には大きく成長していたいです。私は，みんなのようにパッときれいな花は咲かせないかも知れないけれど，私らしく太くがっしりとした茎と葉を持って，いつかつぼみを咲かせるんだ！　という元気な私でありたい。

《愛実》

第27号　12月10日　天国か地獄か　第17回 TOYOTA VB CUP

　あと1点が取れたら，きっと先輩たちと同じ感動のフィナーレが待っていたのに。

　勝負はワンプレー，1点でどうにでも転ぶ。天国か地獄か。勝負の世界の恐ろしさと厳しさを感じる。大事なのは，君たちがその1点をどうとらえ，どう考えるかである。「たまたま相手のいいサーブが入ってしまった。運悪くラインの外10cmアウトになってしまった。もう一度やり直したなら，きっと勝てる」そう考えるのか。「技術がないから。精神的に追い込まれてミスがでた。やり直しても同じ結果が待っている」と考えるのか。

　決して，たまたまでは勝負は決まらない。ダイスの丁か半かの勝負でも，たまたま勝ち負けが決まるとは思っていない。必ず勝者には，勝者になれた訳があるはずである。ならば，次また同じことが起こらないような手を打っていかなければならない。手を打たない限り，同じ結果が君たちを待っているのだから。

　大切な1本。その大切な1本を決めるために，私たちは毎日練習しているんだ。トヨタカップではその重要な1点を決めることができなかった。大垣東中との試合。私たちは何回，負けから出発すればいいのだろう。も

う，戻ることはできない。これからがんばろう。こんなことは言えない時期に来ていると思う。トヨタカップ過去17回，それぞれ違うけど，どれも感動のラストシーンだったはずなのに。私たちはくちゃくちゃで終わってしまった。残念だけど，これが今の私たちなんだと思い知らされてしまった。本当に先生には「くちゃくちゃにしてしまい，すいませんでした」そんな言葉が何回もでてくる。

　今のままの私たちは，つぼみをつけることもできず，その前に枯れてしまうのだろうか。そんな私たちは，本当に夏には大きな花を咲かすことができるのかなあ。自信がない。悔しい。《梨花》

第34号　1月6日　完璧なもの　西尾市招待試合・久居杯

　西尾市招待試合で，愛実のドライブサーブが認められ優秀選手賞を受賞した。久居杯では，香芝中の若林信也先生に，梨花のトスを認めてもらうことができた。1本のサーブのためにドライブサーブを打ち続けようとする姿と，どんなボールでもオーバーであげようとする中学生らしい姿。見ていてくれる人，見る目のある先生が君たちの周りにはたくさんいる。

　しかし，大事なのは，それだけではない。過程だけでは意味がない。夏には，ドライブサーブが，本当の意味での戦力にならなければいけないし，ダブルコンタクトの反則を取られないように，トスを上げきらなければならない。そうなって初めて，褒めてもらえたことへの感謝の気持ちが形となって表れたことになるのである。

　42回目の誕生日に，君たちから椅子のカバーをもらった。いいアイデアであり，とてもうれしかった。慣れない手つきで，時間をかけて，君たちが一針一針縫う姿が想像された。だが，実際に使おうと思うとうまくいかない。椅子に合うように縫って，かぶせられるようになっていればいいのだが，1枚の布だけでは，困ってしまう。申し訳ないが，こんな所にも，君たちの甘さが見えてしまう。完璧なものとして表さないと，かえって相手に対して気を遣わせることになるのではないか。

もっと言えば,「中途半端では意味がない」と言うことである。とことん考え抜いて,実際に椅子にかけてみて初めて,いいかどうかが分かる。とことん練習をやり抜いて,実際に試合で試してみて初めて,いいかどうかが分かる。こういうサイクルで物事を進めていかなければ,同じことの繰り返しで,夢への階段を上へ登ることはできない。

　奈良の小峠博幸先生率いる新庄中は,夏,先輩たちと同じように,もう1歩のところで全国を逃した。今年のチームは,昨年と比べれば力はない。しかし,新庄中は,今年の夏には念願の全国大会へ行くであろう。全く同じ君たちはどうであろう。まだまだ疑問である。「今年の新庄中にあって,まだ君たちにはないもの」その正体を暴くことが,君たちの課題である。

第39号　2月24日　「夢をつなぐ」ことの意味　キャプテンの自立

　みんなが,私のために髪の毛を切ってくれた。私のために切ってくれたみんなです。絶対に大切にしたい仲間です。キャプテンとして,何かを一人で背負い込んでしまうことが多い自分です。何でも一人で「悪いな」などと思ってしまう自分です。でも,こんなに思ってくれるみんながいて,気が楽になったような気持ちです。きついことがあってもみんなで分け合える。そんなチームでありたい。一人で逃げてばかりではいけない。

《友美》

　勝負だと言った「金ちゃんカップ」で,君たちは勝てないと分かっていた。その前の「ウインターカップ」でも負けることは想定内だった。しかも,弥富中や久方中と対戦する前に。

　しかし,今回の君たちのとった行動は,予想を越えるものであった。今までの中途半端な君たちでは,「友美は連れ戻せない」と思っていた。この壁は,まだまだ君たちには越えられない高く険しいものであったはずである。今までの君たちは,もう少しで壁を乗り越えられるところまで来ていても,もう一歩踏み込むことができなかった。その結果,何度も何度も,同じところを堂々巡りしているだけだった。そんな君たちにとって,初め

て自分たちの手で大きな壁を乗り越えることができた。それは，紛れもなく親や先生ではなく，かけがえのない仲間が与えてくれた力によってである。

　夢の塔の天辺から見下ろしたとき，きっとこの出来事が，「夢をつなぐ」本当の意味を理解したチームが誕生した，スタート地点になっていることであろう。

第46号　5月25日　第2次成長期

　グンと伸びるときがある。君たちにとって，今がその時だ。新チームを結成してからの1か月が，第1次成長期というならば，3年生になってこのゴールデンウイークを乗り越えた今が，第2次成長期にあたる。いくら努力しても，一向に成果がでないときがある。その状態は「プラトー」と呼ばれている。たいがいの人は，そこで諦め努力することをやめてしまう。しかし，夢をかなえられる人は，それでもひたすらに耐えて，決して努力を怠ったりはしない。いつか必ず「プラトー」状態を過ぎて，急激な成長が見られる時がやってくる。まさに今の君たちのチームの状態である。

　今回，君たちの第2次成長期と春の強化練習大会が，上手く重なった。西三・県大会を通して，さらに急角度で成長するチームが見られるものと期待している。そして，さらに夏の大会の前に第3次成長期を迎えられたなら，俄然全国への夢に近づける。

第48号　6月15日　先輩を超えた　春の愛知県大会優勝

　6期生の先輩たちが，なし得なかったことを7期生の君たちのチームが達成した。8月に新チームが発足して以来，初めてのことである。君たちは，今までいつも先輩たちの栄光の陰で，じっと堪え忍んできた。しかし，やっとあの偉大な先輩たちを越える日が来たのである。それは，きっと先輩たちがした以上の努力を，誰一人逃げ出さず，黙々と積み重ねて来た成果の賜である。

7期生の力の源は，ひとつに「おごらず，えばらず」にある。もうひとつは「継続は力なり」だと思う。「誰も決してうぬぼれず」，「誰も決して練習を休まない」ことを2年間，こつこつと積み重ねて来た。容易いようで，とても難しいことである。他のチームには決してまねのできない君たち6期生の魅力である。

　あと1か月後には，もう最後の決戦の火ぶたが切って落とされる。これからの君たちに最も必要なことは，「愛知県NO1のチーム」としての自覚と自信を持つことである。他県も春の県大会を行っている。そこでの勝者に負けないほどの「我がチームに対する誇り」を持って，決戦の日を指折り数えることである。

　今年こそ「3度目の正直」「機は熟した」夢の塔の天辺に登り詰める時である。

　愛知県の頂点に立った。やっと先輩たちの地位につくことができた。仲間とここまで共にがんばれた。弱い自分を強くしてくれる。この仲間がいなかったら，今の私はいなかったと思う。

　このチームで県の頂点に立てたことが，ものすごくうれしい。今日の決勝戦のときに，相手は久方中だった。その時に梨花が「こんなにいい試合は楽しいね」と言ってきました。私もそうだと思いました。みんなが気を遣っていて，チームに空いていた穴が，ふさがれたような気がしました。先生に「優勝して当たり前」と言われて，正直不安でした。自分に自信がなかったからです。弱い自分に負けていたからです。

　しかし，本番は夏。今日の結果は，その夏へ向けての大きな1歩。次は，たんぽぽ杯。梨乃がたくさんの指示を出し，頑張っています。このたんぽぽ杯の結果も私たちに欠かせない夢の1歩となります。《春菜》

第54号　6月29日　負けからのスタート　たんぽぽ杯準優勝

　7期生らしい，夏へのスタートとなった。「負けからのスタート」君たちのキャッチコピー通りである。

第6章　全国大会への道

　梨乃の姿は，7期生の君たちを象徴している。この厳しいバレー部の練習を1日も休まずに，チームのために貢献し続けた仲間が，他にいただろうか。きっと彼女こそ，美里バレーボールファミリーの中で伝説に残るメンバーの一人になるであろう。

　後輩たちには，梨乃先輩の姿をしっかりと瞳に焼き付けておいてほしい。そして，今始まった，7期生の熱い夏を体感してほしい。きっとこの敗北が，夢の実現においてのスタートになるはずだから。

第60号　7月13日　セカンドステージを前に　愛知県大会目前

　2年半は，本当にあっという間に過ぎていってしまった。おととし，みちる先輩の打ったスパイクが，エンドラインを越えた瞬間，コートに泣き崩れた先輩の姿。去年，早希先輩のブロックをかすめ由季先輩の頭上を通っていったボール。あの時見えた栞先輩の顔は，忘れることができない。そして，とうとう来てしまった私たちの夏。夢がもう少しでかなったのに，泣き崩れていく先輩の姿を焼き付けて，今，夏への道へ立ち向かおうとしている私たちがいる。

　「先輩たちの倍努力して全国大会へ行く」それが，最初の友美の言葉だった。私たちのスタートは市内でも勝てないものだった。冬もなかなか結果を出せずに，後輩にあたってしまっている自分たちがいた。しかし，今，県の頂点に立っている。ここまで必死に夢の階段をのぼってきた。去年の夏の大会の前，早希先輩の「絶対に負けたくない。負けたら終わっちゃうんだよ」この言葉が今とても心の中に残っている。

　「夢をつなぐチーム」から「夢をかなえるチーム」へとドリーミングにこう書かれたとき，すごくうれしかった。どうしてあんなに強かった先輩たちが負けたんだろう。どうして18－23から逆転されたんだろう。そのことをもう一度考えないといけない。技術だけでは，最後は勝つことができない。

　あと数日で夏の大会がスタートする。このチームで先輩たちがどんなに努力してもつかむことができなかったあの夢を。掴みに行きたい。私たち

の夏。最高の物語を創りたい。応援の声と汗と笑顔と涙があふれる体育館で，ボールを追いかけ，決めて走る。きっと，そんな声は当たり前かもしれないけど，きっと新鮮に感じると思う。もう何の迷いもない。夢への道を突き進むだけ。《琴乃》

第64号　7月19日　5連覇達成　Second Stage 市内大会優勝

　貴重な12セットが終わった。豊田市の女子バレーが岡崎市をしのぐまでになったのは，この夏の市内大会で，圧倒的な強さで勝ち上がる君たちの先輩のチームがあったからだ。そのチームに憧れ，来年こそは，「うちらのチームもあんな風になりたい」という下級生たちの思いが，今の豊田のバレーを築いた原動力になっているはずである。

　そんなことを思った時，君たちの見せた12セットのゲームはどうであったか。周りで支えるメンバーも含め，プレーをしている君たちが一番よく分かっているはずである。「もったいない」持っている力を全て出し切れないほど，残念なことはない。何のために努力を積んできたのか。まさに「もったいない」である。

　サードステージの8セット。見る人全てが，心から「おめでとう」と祝福できるほどのゲームにしてほしいものである。

　優勝した。けど，自分たちの中で満足のいくそんな試合ではなかった。すごく単純なミスで点を取られてしまった。こんなんじゃ全国へ行けない。一つのミスが自分たちの足を引っ張る。ミスをしないチームが，最後に勝ち残る。市内大会では，1セットも自分たちのベストのセットがなかった。次こそは，自分たちのベストの試合をして，美里の力を見せつけたい。

《琴乃》

第65号　7月22日　Third Stage 西三河地区大会

　数年前は，西三河大会が勝負の時だった。そう，西三河大会の会場には魔物がいたのだ。力があっても幾度，その魔物に襲われ，敗れ去っていっ

第6章　全国大会への道

たことか。菜緒先生の代も，まさにそうだった。県大会では，勝てる試合ができても，この西三河大会では，勝てないことが起こる。それが，西三河大会に潜む岡崎という魔物である。西三河は，何十年と岡崎が支配していた。他の地区のチームが勝ち残ることは決してなかった。その伝統の力が，脈々と流れている。

　しかし，その魔物もいつしか君たちの先輩たちが退治してくれた。もう，西三河大会に魔物はいない。だが，用心しなければならない。スキをついて，また息を吹き返すかもしれない。市内大会のような気持ちの入らないゲームをしていては，いつスキをつかれるか分からない。負けたらもう後がないのだから。

第66号　7月25日　Third Stage 西三河地区大会3位

　高橋中に負けた。市内の中学校に負けた。悔しさと自分たちの弱さ，とてもみじめで恥ずかしい。どうして自分の1番を出し切れないのだろう。ずっと親に頼ってきていた。今日ですら，杏奈のお父さんに言われなかったら動けなかった。それに，5時に帰ろうとした私。結局，何を口で言おうと，人に言われなければ動けない。

　菜緒先生の後輩のチームも西三で負けた。でも，全中へ行ったと聞いた。だけど，今の私たちは，チャンスという言葉も全中と言う言葉も似合わない。自分たちでは何も動けない。ずっとこうやってきた。やっぱり最後だけやろうとしても無理。こうやってバレーノートに言い訳を書いている自分が悔しい。行動，姿で表さないと。《友美》

第67号　7月31日　Fifth Stage 愛知県大会目前

　西三河地区大会で屈辱的な負けを味わった。あれからこの1週間，君たちは「自分のために」「自分たちのチームのために」泥沼の中をもがき苦しんできた。次々に敗れ去っていく仲間たちをじかに感じながら。

　そして，ここまで来てやっと，自分の力で立ち上がる君たちのチームを

143

実感することができた。「ここ数年，美里バレーの練習を見させてもらって，こんなに一人ひとりの気持ちの入った一日練習を見させてもらったのは初めてでした。涙がこぼれてくるほどでしたよ」と６期生の親御さんが語ってくれた。弱々しかった７期生の君たちが，憧れ続けた６期生の先輩たちのチームを超えた証が，またひとつできた。君たちに足らなかった「自立」という力を手に入れることができたと感じた。もう怖いものは何もない。

多くのチームが姿を消し，愛知県内で残されたのは360チーム中の16チームだけである。これからの試合すべては，「最後の瞬間」を感じながら，勝ち進んでいかなければならない。苦しい試合になるであろう。しかし，最後に勝つのは強い方である。

確かなことが一つだけある。それは，「愛知県の中には，君たちほど努力し苦しんだチームは他にない」という事実である。この事実こそが，何にも負けない強さである。

「負けから出発」して県のトップに立つために……。

第68号　８月２日　Fifth Stage 愛知県大会２連覇

愛知県中で一番努力をし，苦しんだ君たちが，愛知県の頂点に立った。だがそれは，当たり前のことではない。努力が報われることは，そんなに多くあることではない。どれだけ努力をし，苦しんでも，結果が出せないことの方が多いのである。だからこそ，結果を出させてもらえたことをありがたく思い，感謝しなければならない。それを忘れ，浮かれた時点で，つかみかけた夢は，スルリと抜けて消えてしまうであろう。夢をつかみとる瞬間まで，自分の力などにうぬぼれることなく，勝ち続けさせてもらえていることに感謝し，それを態度で表し続けなければならないはずである。

決勝までの４試合，全て完璧なゲームであった。気持ちの入った，まさに「最後の瞬間」を感じながらのゲームであった。優勝を決めた後，多くの先生から「おめでとう」という言葉と共に，「去年のチームより強いな」

第6章　全国大会への道

「よく1年間でしぼりきったね」と驚きの声を聞かせてもらった。1年前の君たちのチームを知っている人たちにとっては，君たち7期生の県優勝は，奇跡に近い出来事であったようだ。しかし，周りの人たちにしてみれば，奇跡かも知れないが，君たちにかかわって来た全ての人たちは，こう言うであろう。

「君たちの努力も，実力も，そして，学校や保護者の協力体制や応援も，全てが愛知県でNO1である。間違いなく正真正銘の県NO1である」と。

今もまだドキドキがおさまっていない。最後のボールが床に落ちる。県大会で優勝。あまりにも早すぎて，あまりよく覚えていない。

私たちの始まりは，西三の負けから。高橋中に負けてどん底へ落ちていった。でも，こうやってはい上がることができた。あの負けは，ただの負けなんかじゃなかった。私たちに「勝つことは当たり前じゃない」そう教えてくれたんだと思う。

1回戦目から，勝つか負けるか正直分からなかった。けど，みんなで一番の力，1年間やってきたことの全部を出せた。そして，練習試合でも勝てなかった宮田中にも勝った。

最後の夏。先輩に並べた。必ず追い抜いてみせる。東海。ここで勝たなければ，夢の全国へは行くことができない。県で勝って喜んでいるだけじゃ夢はかなわない。

でも本当にうれしい。県で一番のバレー部になれた。応援の数も県で一番だった。リズムが崩れたら，すごい勢いで応援してくれて，1点とれたらすごく喜んでくれて，一緒に涙を流してくれた。その応援があったからこそ優勝することができた。次の東海。絶対に勝ってみせる。《琴乃》

第71号　8月5日　夢の塔の天辺へ　Fifth STAGE 東海大会

いよいよ決戦の時である。1年前，夢のかけらを拾い集めるところからスタートした君たちが，とうとうここまで登りついた。ひ弱だった君たち7期生が，決戦の時を迎えようとは，誰が想像しただろうか。

長く苦しい道のりだった。しかし，君たちは誰一人逃げ出さず，こつこつと確実に階段を踏み締めてきた。先を見るのではなく，信じた足下だけをしっかりと見つめ踏ん張ってきた。そして今，気づいて見たら，あの偉大だった先輩たちと同じ決戦の時を迎えている。夢の塔の天辺が，手を伸ばせば届くところに立っている。不思議な気もするが，確かな現実である。
　機は熟した。3度目の挑戦。全てが整い，風が吹いてきた。君たちを全国へ運ぶ心地よい風が……。

第72号　8月9日　夢がきらめく　全国大会出場決定

　何よりも，どんなことよりもうれしすぎるこの「全国大会出場」ができた。未だに何だかゾクゾクしてしまうぐらいだ。二見中との試合，自分たちらしい試合ができたことを誇りに思う。明るくって元気いっぱいだった。試合はコートの中だけではなく，会場の中全体で楽しめたと思う。こんな試合ができたのも，先生たちやチームのみんな，いつも支えてくれた親，遠くからわざわざ応援に来てくれたたくさんの方がいたからだと思う。「全ての人の気持ちはひとつ」「絶対に全国へ行くんだ」だから，つかみ取ることができた。
　そして，全国大会で「燃えろ炎のごとく」という1期生の先輩が創ったこの横断幕を飾ることができる。たくさんの先輩たちの思いをかなえることができた。何よりこの仲間で過ごす時間が増えたことが，とてもうれしい。1日1日が，私の中でかけがえのない日々だ。大好きな仲間とまだまだ一緒に過ごす日々があるのだから。《杏奈》

第76号　8月16日　夢のFinal Stageへ　全国大会目前

　先輩たちと夢に見た全国の舞台である。夢の塔の天辺には，どんな風景が広がっているのだろうか。また，夢の塔の天辺から見下ろした景色を見てどんな感動を覚えるのだろうか。未知の舞台である。誰もが経験できない特別な舞台である。全国から36チームにしか与えられない至福の空間を

君たちは味わうことができるのである。もちろん，お金では買えないし，努力だけでは得られない君たち7期生に与えられた幸運なのである。この幸運を与えてもらえたことに，心から感謝をしなければならない。さらにこの幸せをみんなに分け与えられるよう気を配り行動しなければならないと思う。

今まで以上に多くの人たちが，君たちの夢の舞台での活躍を期待して声援を贈ってくれている。豊田市をあげて，たくさんの労力とお金を使って，君たちの偉大な業績を讃えてくれようとしている。「市長への表敬訪問」「地域を上げての交流館での壮行会」「メディアでの紹介」等，全国大会はもちろん，その前後には君たちにとってまさに「黄金の日々」が続く。

まだ見ぬ徳島の地へ大いなる希望が広がる。早く行ってみたい。しかし，まだまだ来てほしくない。この君たちが与えてくれた黄金の日々をいつまでも満喫していたいと思う。

第77号　8月22日　夢の舞台で輝く　Final Stage 全国大会

堂々とした見事な行進である。満面の笑顔で，胸を張って歩く君たちの姿を見ていたら，涙が次から次へと溢れてきた。やっとたどり着けた夢の舞台。多くの先輩たちと共に見続けた夢の塔の天辺の景色を目に焼き付けている。決して忘れはしない。君たち7期生の晴れ姿と，今までの先輩たちの後輩たちへ夢をつなぐ姿を。君たちも忘れないでほしい。この夢の舞台に立った快感を。そして，ここへ来るまでの地獄の日々を。

「勝ち負けなどどうでもいい。君たちの輝く姿さえ見られればそれでいい」と思っていた。でも，君たちは，また奇跡を起こした。最高の夢の舞台で大逆転勝利を収め，決勝トーナメントへ進出した。そしてさらにあの抽選会へ参加できる喜びをプレゼントしてくれた。君たちがくれたかけがえのないプレゼントの数々は，僕の大切な宝物になった。

② 東海大会連覇への道（H20・H21）
―キャプテンの父が語る―

　ここでは，平成20年・21年と東海大会連覇を達成した歩みを，キャプテンの父親の手紙からご紹介しましょう。

美里中学校バレー部第10期生父　森本貴之

1　バレーボールへのあこがれ

　二女の聖美は，姉がバレーをやっていたこともあって小学校2年生からバレーを始めました。県大会，東海大会，全国大会を目指しているわけでもなく，どこにでもある普通のチームでした。しかし，小学校を卒業する時期が近づくにつれ地元の中学校へ進学して，バレーをすることにやや消極的でした。バレーの技能が優れていたわけでなく，身長も低い方でしたが，好きなバレーボールが精一杯できるのだろうかという不安があったようです。いろいろな学校に聞いてみましたが，身長の高さや小学校でのバレーの実績に興味を示す学校はありましたが，「自分の力を試してみたい」，「レベルの高いバレーボールに挑戦してみたい」，「バレーをとことんがんばってみたい」という理由だけでは，耳を傾けてくれないのが現状でした。

2　美里中学校バレーボール部との出会い

　たまたま春高出場常連校出身の女子高校生と一緒に仕事をする機会があり，そこで美里中学校の名前を聞きました。ホームページを見てバレーボールを始めとする部活動に積極的に取り組んでいることを知りました。そして，早速その2日後くらいに娘を連れ見学に行きました。
　しかし犬山市から約60kmも離れている豊田市。バレーどころか生活自体

が成り立たないとその当時は思い，最初で最後のつもりで見学に行きました。

美里中体育館横の花壇から覗くようにして練習を見ていました。体育館の壁には，「全国大会出場」を目指す目標が掲げられ，コートの中には，生徒たちの目標に向かう熱い情熱がありました。そして，それを見つめる娘の瞳の輝きは，今でも忘れられません。

二度と美里中には来ないつもりで見学には来たものの，「ここでバレーをさせてやれたら……」と，そんな想いで帰路につきました。

3　家族の決断

やはり地元の中学校へ進学か。練習が体験できたこと，ひとときの夢を見ることができただけでもいい経験だったと思っていました。そんな時，「美里中でバレーがやりたい」と突然，娘が言い出したのでした。

毎日，片道2時間半かけて犬山から電車で通う（学区制があるので，これは許されません）？　家族みんなで豊田へ引っ越す？　お姉ちゃんと妹の学校は？　お父さんの仕事は？　など，解決しなくてはならない問題がたくさんありました。妻にも相談し，娘の想いに何とか応えてやれる方法はないものか考え続けました。

そして，悩みに悩んで出した結論は，聖美と私が豊田に住み，妻，姉，妹，愛犬2匹は犬山に住むという「二重生活」でした。

決断したことを家族みんなに伝えた日のことは，今でも覚えています。聖美がバレーをするためには，家族が離れて生活をしなければならないことを聞いて姉と妹は泣きました。正直，父親としても不安だらけでした。犬山に残す妻たちの生活。一緒に生活する聖美の食事・洗濯などのこと。自分の仕事や経済的なことなどを考えると，そんな二重生活が成り立つのかと不安だらけでした。

しかし，「美里中でバレーボールをやりたい」という娘の想いに応えてやるには，その選択しかありませんでした。また，生活ができても，「毎日の

厳しい練習」、「必ずしも輝かしい結果が約束されているわけでもなく、どんな結果で終わるのかも分からない」「どんな3年間になるのかさえも分からない」。ただ「やっておけばよかった」と後悔だけはして欲しくないし、させたくはありませんでした。「今しかできない、自分で決めたことを精一杯がんばって欲しい」そのために応援してやれるのは親しかいないし、親として今しかしてやれないとも思いました。聖美の強い想い。そして初めて塚本先生と出会った時の印象。「先生を信頼してみよう、先のことよりも今だ」そう思い家族で決断をしました。

4　中学1年生

　平成19年4月。豊田市美里中学校学区の賃貸マンションで聖美と二人の生活がスタートしました。それにともない私も職場を変わりました。二人とも慣れない環境に戸惑いもあり、最初は毎日の生活を無事に送るのがやっとでした。

　娘の美里中バレーボール部員としてのスタートは、髪の毛を後ろで2つに結んでいた髪型から、スポーツ刈にちかい髪型にすることからでした。そして、練習は毎朝早くから夜遅くまで、休日も練習や試合の日々。想像はしていましたが、現実はそれ以上でした。

　「そんな大変な日々に慣れようとしている娘に、早く夕食を食べさせ、帰ってからの宿題やバレーノートなどやるべきことを終えらせ、少しでも多くの睡眠時間をとらせてやりたい」そう考えて、父親としてできることを精一杯援助しました。

　1年生は、「バレーボールとは」について親子共々改めて知ることのできた1年間でした。初めて迎えた夏の大会。幸運にも娘は、レギュラーとして3年生、2年生の先輩たちと同じコートに立てたのです。たった4か月でここまでの技術が身につくとは、正直親としても驚きでした。娘は、過去にこんな大きなプレッシャーのかかる大会の経験はありませんでした。負ければ3年生の引退が決まる、絶対に負けられない大会なのです。

第6章　全国大会への道

しかし，東海大会出場まであと1勝というところで，まさかの県大会ベスト8での敗退となってしまいました。3セット目，娘のスパイクがネットに当たり23点目を取られました。そして，ライトからのスパイクを娘がはじき25点目を奪われ，ゲームセットでした。娘のミスで負けたわけではありませんが，バレーボールの怖さを改めて知った瞬間でした。私も娘自身もすごく辛く悔しい思いをした試合だったことを，その後もずっと忘れることができませんでした。

5　中学2年生になり，チームのエースに

　暖かくなり2年生が近づいた頃，塚本先生から「エース」としての自覚を厳しくたたき込まれ，泣きながら練習に行く日々が続きました。娘にとっても，私にとっても辛かった日々でしたが，そこにはいつも声をかけ，気にかけてくれる先輩の姿がありました。そんな頼りになる先輩たちに励まされ，何とか出かけることができていました。背を押す私と，手を引く先輩たちのおかげで，娘にも少しずつではありましたが，エースとしての自覚が芽生え始めていきました。

　そして，迎えた2度目の夏。市内，西三，県を制覇し，9期生が目標に掲げた「東海の頂点」へ，とうとう登りつめることができました。先輩の姿にあこがれて美里中に来て，そのあこがれの先輩と一緒に夢を果たしたコートに立つことができました。忘れられない最高の瞬間でした。

　夢にまで見た全国の舞台。辛い日々を乗り越え全国の舞台で入場行進し，プレーする姿に，ただただ感動していた自分がいました。

　決勝トーナメント進出をかけた蒲江翔南中（大分）との試合。1セット目，相手にセットポイントを取られた後，娘がストレートへスパイクを決めジュースに追いつくも負け。2セット目，21－24でまたも相手のマッチポイント。後1点取られると先輩の引退が決まる。そんな中で娘にサーブが回ってきました。3本サーブを打ち続けジュースへ。しかし，一歩及ばずに24－26で敗れ，この試合で先輩は引退しました。

「あと1点で負け」と追い込まれた状況。1年前の県大会で負けた先輩が引退した試合が浮かんできました。重ねてみると，この1年間の娘の精神的な成長が見られたような気がしました。しかし，全国大会でチームを決勝トーナメント出場へと導く「エース」にはなりきれてはいませんでした。ただ，親としてもあの春先からの先生の厳しさの意味がよく分かった瞬間でした。

6　第10期生キャプテンとしての重圧

　いよいよ10期生の代を迎えました。しかも憧れていた彩華先輩の後を受け継ぎ，第10代の美里中バレー部キャプテンになりました。
　「東海連覇」という新たな，さらに大きな目標を掲げ，夢を追う日々が始まったのです。頼りにしていた先輩が引退し，「彩華先輩みたいなキャプテンになれるのか」，「全国大会出場メンバーが4人残っているチームは勝って当たり前というプレッシャー」など，石川全中から戻った娘は多くの不安を抱えながら，新チームをスタートさせました。
　娘は，先輩が引退したことで，頼るものを無くしてしまいました。キャプテンとしてこの先，チームをどうしていけばいいのか悩み，最初の壁にぶつかりました。そうして迎えた市内新人戦では，優勝すらすることができませんでした。新チームになってまだ1か月。親子共々，先の見えない長いトンネルの中に迷い込んでしまっているようでした。
　「『強』『強い』と言われながらも思うように勝てない」そんなチームのキャプテン，エースとしての重圧に耐え切れなくなっていました。この頃，娘は二度目の壁にぶつかり，もがいていました。日に日に娘から笑顔が見られなくなるのが分かりました。今考えてみると，1年の3分の1は，どこかで泣いていました。朝起きたベッドの上で，朝食をとりながら，玄関先，練習へ行く途中の路，練習後の帰り，夜寝ながら。「キャプテン」の辛さは，真緒先輩，彩華先輩の姿を見ていて分かっているつもりでも，毎日がチームキャプテン，エースとしての重圧と自立にもがく自分自身との戦

いでした。入部以来，鍛えていただいたのですが，「美里中のキャプテン」は別格でした。

しかし，自分たちで掲げた「東海連覇」の目標を達成するためには，1000校を超える東海4県の中学校の中で「No．1のキャプテン」に娘自身がならなければならないのです。「キャプテンが東海一の苦しみや辛さを経験し，乗り越えなければチームの東海連覇はない」と自分にそう言い聞かせながら，苦しんでいる娘を見守り続けました。

7　挫折の果てに

試合を見続ける中で，改めてバレーボールの怖さや難しさを知ることができました。娘の姿を見るのが辛く耐えられない時は，「今苦しみを経験しておいた方がいい，負けたら終わりの世界で勝つために娘は，毎日努力しているのだから」と自分に言い聞かせるようにしていました。

しかし，現実は，とても厳しいものでした。娘は辛さから逃れようと「他人の責任にしたり」，「頑なにバレーを辞めると言い張ったり」，「自分に自信を無くしたり」何度も逃げ道を探そうとしました。

さらに平成21年2月には最大の危機がやって来ました。「バレーをやりに美里中に来た意味はあるのか」，「豊田での生活は自分に向いていないのではないか」，「東海連覇は自分の目標なのか」，自分に問いかけながら，娘は真剣に本当の自分と向き合っていました。

毎日泣き続け，10日間バレーからも遠ざかりました。好きだったバレーが嫌いになり，バレーをするために家族と離れた生活にも耐えられなくっていました。今まで励ましながらここまで来ましたが，親としても「限界か」，「もう今の生活を続けるのは不可能か」，「地元の中学校に転校した方がいいのか」と思ったりもしました。そんな娘を庇おうとしたこともありましたが，庇うことで親が逃げ道を作ってはいけない。それは，娘のためにならない。親としても苦しんでいる娘を見るのはとても辛かったですが，先生を信じて豊田へ来た自分を信じ続けました。

そして,「決めたことを最後まであきらめずにやり通すことの大切さを,娘に実感させてやりたい」という一途な思いで,娘を叱ったり,励ましたり,時には一緒に泣いたりしました。そうすることで,苦しみに耐えている娘の姿としっかり向き合ってやろうと思ったのです。

　仲間や先生たちの大きな支えもあって,3年生になると娘の少しずつ自分の殻を破る場面に立ち合うこともできるようになってきました。そんな娘との一喜一憂な日々を繰り返し,父親の私も強くなることができました。

8　本当の自立

　窮地に立たされた時にどうするのか。「バレーボールは人生の縮図」まさにその通りだと思います。「2年連続東海大会優勝」というとてつもない大きな目標。その目標を達成するために課せられたキャプテンとしての使命とチームの努力。想像もできないくらいの数々の試練を乗り越えてきた娘はバレーボール部での活動を通して,これからの人生を「強く生きていくための生きる力」を身につけることができたと思っています。

　「忍耐の心を失ったとき,健康も人との和も,そして愛も失う。今起きれば勝つ,今起きなければ負ける。東海No. 1のキャプテンになれ！」という塚本先生からの言葉が,娘に勇気を与え,「自立」へのきっかけとなったと感謝しています。

9　東海連覇そして全国ベスト16

　自分を見失いかけていた時期を乗り越え,最後の夏がやってきました。日に日に高まる緊張感。市内,西三大会では,内容的に課題を残しての連覇。県大会では連覇を逃すなど,引退をかけた勝負の厳しさを痛感しました。

　しかし,今までの娘は,内容が悪かったり負けたりすると,キャプテンの不甲斐なさに落ち込んで悩んだり,次は勝てるか不安になっていましたが,「絶対に東海連覇をする！」という,今までとは違う意気込みを態度で

示すようになっていました。

　ついに迎えた平成21年8月8日。長い苦しみの末に「東海連覇」という思い描いた夢を叶えたのです。そして，私は，とうとう「東海 No. 1のキャプテン，東海 No. 1のエース」に成長した娘の姿を見ることができました。それは，2年半のバレーボール部での活動を通して「自立」した娘の姿でもありました。

　そして2年連続の全国出場。何度来ても夢の大舞台は感慨深いものがありました。残念ながら「全国ベスト8」という目標には届きませんでしたが，私学を相手に善戦するプレーに何度も胸が熱くなりました。美里中のコートにボールが落ち，引退が決まった瞬間も「涙」は出ませんでした。「これ以上の終わり方はない」と自分で思えたからです。

10　感謝の気持ち

　娘との2年半の生活は，山あり谷ありでした。でも，そばにはいつも塚本先生と菜緒先生がいてくださいました。

　「バレーは人生の縮図」。生きていくことの厳しさをバレーを通して教えてくださいました。「勝つ」「1セットを取る」「1点を取る」ことの難しさや厳しさ。優勢でも気を抜くことで劣勢へ，劣勢でも耐えて信じて我慢することで優勢へ。そして夢をかなえるためには努力を惜しまない。努力は必ず報われる。ただ勝つことだけにこだわらず，勝つためには何が必要なのかを考え，行動に移さねばならない。厳しさに立ち向かい耐えることで，弱い自分に克つ。窮地に立たされたときはうろたえず，自分がやってきたことを信じ，自信をもって立ち向かう。などなど，常に生徒の自立を考え，指導していただいたことに感謝しています。

　身長に関係なく，一人ひとりの適性を見抜いて伸ばし，その一人ひとりがコートの中に入ることで総合力が高まる，というチーム創りはとてもすばらしく魅力的でした。技術的にも精神的にも，娘がここまで成長できたのも塚本先生のおかげです。先生に出会えていなければ，今の娘は決して

なかったと思います。勝つことだけが目的のチームなら，娘はとっくに辞めていたことでしょう。

最後の朝練で塚本先生からいただいたカードを読み，妻も私も胸が熱くなり，涙が出そうになりました。今までの娘の姿をしっかり見ていただいていたこと，夏を迎えるにあたって娘に対する強い想いには感激するとともに，娘は本当に幸せ者だと感じました。その時，塚本先生に夏の采配をとっていただけるなら，どんな結果で終わっても構わないとも思えました。

「東海連覇」を成し遂げ，コートの中で塚本先生，菜緒先生，選手たちが喜び合う瞬間を観ることができたこと，祝勝会の場で「東海チャンピオン」の証である盾を聖美が持ち，家族5人が笑顔で写真が撮れたこと。この2年半の辛く苦しかった日々が全て消える瞬間でもありました。一生消えない忘れることのない最高の思い出です。

11　新たな夢へ

娘との3年間限定の二人暮しも，まもなくゲームセットです。4月には美里中・愛知県選抜でかなえられなかった「全国ベスト8」という夢に向かって，再び高校で「全国」を目指したホイッスルが鳴ります。自分で選んだ2つ目の道。多くの人への感謝の気持ちを絶対に忘れず，美里中での経験を活かし，精一杯自分を試し最後までやり通してくれればと思っています。

12　最後に

> 家族と離れた娘と2人での3年間の生活は辛く大変でした。娘もきっとそう思っていることでしょう。でも,「今しかできない」と先のことは考えず,12歳だった娘が決断して選んだ道は正しかったと思います。そして,その道を娘と共に歩んできた私も決して間違ってはいなかったと実感することができました。この3年間の体験・経験は娘と私のこれから生きていく上での「貴重な財産」であることは間違いないと思っています。

娘へ

これからのあなたの人生の中でこの三年間の苦しみを超える辛さはそうあるものではありません

自分の力で殻を破って新たな夢へ飛び立ったあなたを

これからは かげながら応援することにします

父より

エピローグ

　今まで，多くの生徒たちの涙を見てきました。夏の熱い歓声が響く中，肩を落とし泣きじゃくっている生徒たちにかける言葉は，何も見つかりませんでした。ただ，言葉の代わりに，私の頬にも涙がこぼれるだけでした。あの瞬間をいつ思いだしても，胸が締め付けられるような気持ちになります。
　毎年，毎年，新しい生徒たちと「夢」を描き，それに向かって休むことなく全力で走り続けてきました。今，思い返してみても，かけがえのない，金色に光り輝く「黄金の日々」がそこにはありました。
　「夢がかなう」ことは，そんなにあることではありません。しかし，「夢がかなわなかったとき」のことの方が，強く心に残っているのはなぜでしょうか。
　そのときの生徒たちと私しか知らない，あの瞬間の「髪を揺らした風の匂い」「涙に映った夕焼けの色」「頬を伝った涙の味」「いつまでもこだまする歓声」そして，最後に「握り合った手の感触」
　きっとこれらは，生徒たちと私の心の中から消えることはないでしょう。時折，長い人生の一瞬一瞬に，ふと触れた「匂い」や「色」や「味」や「声」や「感触」が，あの負けた日の熱い夏のあの場所へ立ち戻らせてくれることでしょう。
　そして，多くの仲間たちと，ひとつの大きな夢に向かって歩き続けた黄金の日々が，負けそうな自分に大きな力を与えてくれるはずです。
　今では，よく「もうそろそろ部活を終える頃ですね」と言われるようになりました。そんなとき，思うことは，情熱を燃やして「私はまだまだ現役で，生徒と夢を追い続けるぞ」ということと，情熱をもって「若

エピローグ

い先生が，思い切って部活動指導ができる学校を創るぞ」という二つのことです。

　今まで多くの人たちに支えられて，やっとここまで歩んで来られました。これからの残された人生を，今度は，多くのやる気に満ちあふれた人たちに与えられる生き方をしていきたいと思うようになってきたのです。

　そんなひとつとして，この本が少しでも，誰かに情熱を与える一助となれば幸せです。

　そして，最近，もうひとつ大きな夢を描くようになってきました。

　天下をうごかしているのは，武力や銭金だけではない。

　美しいものにも，力がある。

　天地を震撼させるほどの力がある。

　高価な唐物や名物道具だけが美しいのではない。

　枯れ寂びた床に息づく椿の蕾の神々しさ。

　松籟を聞くがごとき釜の湯音の縹渺。

　ほのかな明るさの小間で手にする黒楽茶碗の肌の幽玄。

　なにげない美を見つけ出し，ひとつずつ積み重ねることで，一服の茶に，静謐にして力強い美があふれる。

　　　　　　　　　　（山本兼一著『利休にたずねよ』PHP文芸文庫）

　おのれの美学だけで天下人秀吉と対峙した千利休のように，私は，教育界において，美の深淵を追い求めていきたいという野望を抱いています。

　最後になりましたが，この本を発行するにあたり，細かな気配りをいただいた豊田市教育委員会の窪田真也主幹，そしてご尽力していただいた黎明書房の斉藤靖広さんに，心よりお礼を申し上げます。

　　平成22年　花の木が真っ赤に燃える頃

　　　　　　　　　　　　　豊田市立美里中学校　塚本哲也

著者紹介
塚本哲也

　1964年（昭和39年），愛知県豊田市猿投に生まれる。県立豊田西高校，愛知教育大学美術科を卒業後，豊田市立高橋中学校へ赴任する。女子バレーボール部の顧問として，市内初の全国大会出場を果たす。美里中学校へ転任後は，2年連続東海大会で優勝し，3度の全国大会出場を遂げている。また，生徒指導においても，主事として全国から注目される多くの実践を行っている。

　愛知県選抜チーム監督・文部科学省中央研修員・愛知県生徒指導部会理事・豊田市生徒指導指導員などを歴任。文部科学省優秀教員表彰を受賞。

撮影：市川裕之

勝つ部活動で健全な生徒を育てる

2011年4月10日　初版発行
2011年10月15日　4刷発行

著　者　　塚　本　哲　也
発行者　　武　馬　久仁裕
印　刷　　藤原印刷株式会社
製　本　　協栄製本工業株式会社

発　行　所　　　　　　株式会社　黎明書房

〒460-0002　名古屋市中区丸の内3-6-27　EBSビル
☎052-962-3045　FAX 052-951-9065　振替・00880-1-59001
〒101-0051　東京連絡所・千代田区神田神保町1-32-2
　　　　　　南部ビル302号　☎03-3268-3470

落丁本・乱丁本はお取替します。　　ISBN 978-4-654-01854-3
Ⓒ T. Tukamoto, 2011, Printed in Japan
　　　　　　　　　　日本音楽著作権協会(出)許諾第1101717-104号